3時間で熟睡し、
5倍濃く生きる

夢をかなえる短眠法

Sleeping methods that make your dreams come true

田村広大 Tamura Koudai

技術評論社

●免責

本書に記載された内容は、情報の提供のみを目的としています。したがって、本書を用いた運用は、必ずお客様自身の責任と判断によっておこなってください。これらの情報の運用の結果について、技術評論社および著者はいかなる責任も負いません。

本書記載の情報は、刊行時のものを掲載していますので、ご利用時には変更されている場合もあります。

以上の注意事項をご承諾いただいたうえで、本書をご利用願います。これらの注意事項をお読みいただかずに、お問い合わせいただいても、技術評論社および著者は対処しかねます。あらかじめ、ご承知おきください。

●商標、登録商標について

本文中に記載されている製品の名称は、一般に関係各社の商標または登録商標です。なお、本文中では™、®などのマークを省略しています。

はじめに
眠らなければ時間が増える。時間が増えればやれることが増える。

私は毎日、夜23時に寝て、午前2時に起きる生活を送っています。睡眠時間3時間。「眠くなりませんか？」「睡眠時間足りていますか？」と聞かれますが、日々とても快適です。これより長く寝ると、かえって1日の調子が狂います。

短眠のよさを実感するために、10日に1回ほど、あえて遅くまで寝ることがあります。たくさん寝たから頭がすっきりするかと思うかもしれませんが、むしろ逆効果。起きた後も頭がうまく働かず、1日中ボーっとして霞がかかったような感じになります。「脳を効率的に働かせるには、やはり短眠は重要だな」とそのたびに思います。

短眠が5年連続世界トップセールス1%の基準達成をもたらした

私は、新卒で銀行に入り、その後、消防士に転職。現在は、保険会社でファイナンシャルプランナーとして働いています。ちょっと変わった経歴ですよね（笑）。外資系生保のトップセールスの川田修さんが家族に「3年間、自分は死んだと思ってくれ」と伝え、その間一人暮らしをして仕事に励んだ、というエピソードを本で読み、今の仕事に就《つ》くときに「自分もとにかく3年間はがむしゃらにがんばろう！」と決意したのです。

ありがたいことに、転職1年目にして世界のトップ1%に入る営業成績を収めることができ、その後5年連続でトップ1%の基準を達成できました。短眠の習慣をつけるようになってから、達成スピードが格段に上がったのです。2年目は10カ月でしたが、短眠をはじめた入社3年目には8カ月、4年目は5カ月と、1年目の半分以上の速度でトップ1%入りを達成しました。

最初の2年くらいは、はっきり言って「夜の接待を盛り上げることが仕事だ」と思っていました。毎晩食べたり飲んだり。自分の体力と人生を削って、人と会う時間を増やしていました。その結果、消防士だったときの何倍も稼ぐことはできましたが、家族と過ごす時間もなければ、自分のことをする時間もない。暴飲暴食を繰り返していましたから、みるみるうちに体重は増えるし、体調は悪くなる。

「お金はたしかに稼いでいるけれど、これって本当に幸せなのかな？」

そう思ったときに、スティーブ・ジョブスの「最期の言葉」と言われている文章を読んだのです（最期の言葉かどうかについては諸説あるようですが）。

物質的な物は、なくなっても、また見つけられる。
でも、ひとつだけ、なくなってしまっては、
再度見つけられないものがある――人生だ。
（中略）

あなたの人生がどのようなステージにあったとしても、
だれもが、いつか、人生の幕を閉じる日がやってくる。
あなたの家族のために愛情を大切にしてください。
あなたのパートナーのために、
あなたの友人のために。

これを読んだとき、「ああ、健康にもっと気をつけなあかんな」と心から思いました。いくら稼げても、身体を壊しては元も子もないということに気づいたのです。

短眠するようになってからは、営業のスタイルも大きく変わりました。夜の接待はゼロ。忘年会すら行かなくなりました。しかし、前よりも働く時間は短くなったのに、成績は今までよりも上がったのです。

先にもお話ししたように、世界のトップ1%の成果に到達するスピードもかなり早くなりました。それはなぜかといえば、やれることが増えたからです。朝、時間ができたので、お客さんが必要とする情報をいろいろと調べるようになりました。調子がいいときには、本1冊は読了できます。その本の中に出てきた別の本を入手して、翌日以降にさらに知識を深めていきます。こうして、夜の接待でお客さんを楽しませる代わりに、知識の面でお客さんに貢献できるようになりました。そして、お客さんも私に付加価値を感じてくれるようになったのです。先日、事務所の引っ越しでこれまでに読んだ本を段ボールに詰めていたのですが、大きな段ボール8箱分にもなりました。すべて早起きして読んだ本です。

時間が増えるから、5つも仕事をかけもちできる

私の本業は保険の営業ですが、それ以外に5つほど仕事をしています。パーソナルジム経営者、保険募集人、金融商品仲介業、予防医療診断士、営業のコンサルティング業です。通常だったら手が回らないところですが、朝の時間を使えるので、このようにい

くつもの仕事がかけもちでできます。

先日は、ある会社の社長さんにダイエット法を教えたところ、「社員の女性たちがダイエットについて聞きたがっているから、セミナーをしてもらえないか」という依頼がありました。ほかには、マイホームを買うくらいの年代の方に住宅ローンの裏ワザや銀行でのお金の借り方などもお話ししています。「保険の話だけでなく、お金全般にまつわる困ったことを気軽に相談してもらえたらいいな」と思っているからです。そういうネタを増やすことができるのも、短眠のおかげだと思います。


1日が24時間なのは、どんな人にも共通です。でも、その使い方は人それぞれ。

同じ24時間でも、稼働できる時間が増えたなら?

それだけ有利になるのではないでしょうか。


それを可能にするのが、短眠というわけです。

本書で解説するのは、すべて私の実体験に基づいて編み出した独自のメソッドです。実際にこれまで1000名の方にも教えていますが、私がサポートした期間中は達成率90

％を誇るすごい方法です。

今日から、ぜひ私といっしょに短く質のいい睡眠をとる方法を身につけて、限りある時間を有効に使いましょう。

目次

はじめに

第1章

パフォーマンスがよくないのは「眠り足りない」からではなく「眠りすぎ」だから？

第3章

【見える化】自分を知ることが睡眠のコントロールにつながる

第4章

【食事】食べ方ひとつで眠りの質は大きく変わる

第5章

【運動】いい睡眠とさわやかな目覚めをもたらすエクササイズ

第6章

【寝る前の行動】睡眠の質を格段にアップさせる5つのこと

第7章 【マインド】気持ちを整えると、早起きはグンと楽になる

第8章

【実践】30日でムリなく身につく早起きメソッド

第1章

パフォーマンスがよくないのは
「眠り足りない」からではなく
「眠りすぎ」だから?

睡眠の誤解・その1
「7時間寝ると長生きできる」

そもそも、どのくらい睡眠時間を取るのが適切なのでしょうか？

多くの書籍を見てみると、「最適な睡眠時間は7時間程度」と書かれています。その根拠として挙げられるのが、カリフォルニア大学サンディエゴ校による睡眠時間と寿命の関係についての研究です。

ガンの研究に参加した110万人の入院患者を6年間追跡調査したところ、睡眠時間が6・5時間〜7・4時間の人は、それより睡眠時間が短い人や長い人たちにくらべて死亡率が低いという結果になりました。また、名古屋大学大学院が11万人以上を対象に平日の睡眠時間と10年間に死亡した人の割合を調査したところ、同じく睡眠時間7時間の人の死亡率が一番低いという結果になりました。

ですが、これらはあくまで入院患者、つまり健康ではない人を対象にしたもの、というところがポイントです。睡眠時間が7時間より短い人は、病気などによって眠りが浅く、その結果、睡眠時間が短くなっていることが考えられます。また、睡眠時間が7時間以上の場合、寝たきりだったり、動くよりも寝ているほうが都合のいい方である場合も多いでしょう。

また、家庭環境や仕事のストレスなど、睡眠時間以外の要素も関係していると考えられます。調査をおこなった当時、名古屋大学大学院の玉腰暁子助教授（現・北海道大学医学研究院教授）も、「現在の睡眠時間が7時間よりも短い人、長い人がそれぞれ7時間にしたからといって、死亡リスクが下がるわけではない」とおっしゃっています。

ちなみに、いずれの研究でも、「睡眠時間が長くても、かえって死亡リスクが高まる」という結果が出ています。

ということで、単に「睡眠時間を7時間にすればいい」というものではないことがおわかりいただけるのではないでしょうか。最近では、4時間以上の睡眠なら、6時間でも9時間でもあまり差がないという説もあります。

睡眠の誤解・その2
「疲れは寝れば取れる」

「疲れたら寝なさい」とよく言います。

「寝不足だから疲れが取れないのだ」とも。


でも、これって本当なのでしょうか？

じつは、疲労回復と睡眠はあまり関係がありません。


「疲労」には2種類あります。「動作疲労」と「静止疲労」です。

動作疲労は、運動するなど、身体を動かすことでたまる疲労のことです。一般的に「疲労」というと、この動作疲労を思い浮かべる人が多いのではないでしょうか。

でも、疲労にはもう1つ、「静止疲労」があります。これは、パソコンを打ったり、デスクで事務作業や細かい作業をおこなったりするなど、身体を動かさずじっとしていることでたまる疲労です。長時間机に向かっていると肩や首は固まり、お尻や背中もこわばって疲れますが、それは「静止疲労」によるものなのです。

つまり、動いても疲れますが、長時間同じ姿勢を取ってもまた疲れるというわけです。寝ている間は、床でほぼ同じかっこうをしていますね。つまり、睡眠中も静止疲労がどんどんたまっていくのです。

では、静止疲労を回復させるには、どうすればいいでしょうか？

それは「身体を動かし、ほぐす」ことにあります。動作疲労を回復させるには、「身体を休めること」です。このように、動作と静止は互いに補完し合い、バランスを取り合っているのです。

にもかかわらず、「睡眠こそが完全な身体の回復法だ」と思い込んでいるために、一生懸命寝ようとして、どんどん疲れてしまうのです。

特に最近は、田植えや畑仕事などのように額に汗して動き回る仕事よりも、机に向かってパソコンを打ったり、メールをしたり、電話に向かったりするデスクワークをしている人のほうが多いのではないでしょうか。ほとんどの方の疲れは、「静止疲労」です。なのに、さらに長時間寝てしまったら……。静止疲労はどんどん加速し、肩こりや腰痛を引き起こすことにもなるでしょう。

先にもお話ししたように、静止疲労の回復には「動作」が大事です。静止疲労がたまりやすい現代には、意識して身体を動かすことが必要なのです。

睡眠の誤解・その3「病気は寝れば治る」

「風邪は寝れば治る」と言う人がいますね。多くの方は「ちょっとした病気なら睡眠を長くとればいい」と考えがちです。

けれど、じつは「睡眠中に病は進行する」という説があることをご存知でしょうか？

その理由として、次のようなことが考えられます。

理由1「睡眠中は体温が下がる」

睡眠中、人は体温が1度下がります。人間は体温が1度下がると、免疫力が37％低下し、代謝が17％落ちるといわれています。体温が下がると、毛細血管は収縮し、血流は悪くなります。そのため、病気をやっつける役割を果たすリンパ球などの働きも悪くなるのです。免疫力が低下し、病気が治りにくくなる理由です。

ちなみに、ガン細胞は35℃台の低体温状態でもっとも活発に増殖するといわれています。そのほか、体内酵素の働きも悪くなりますし、糖尿病にかかるリスクも高まるといわれています。

理由2「酸素供給量が減る」

寝ているとき、人は呼吸数も減ります。つまり、起きているときに比べて、取り込む酸素の量も減るというわけです。

人の体内には60兆個の細胞がありますが、それらはすべて酸素を必要としています。十分な酸素がないと、老化や病気の原因にもなるのです。特に、脳は酸素を必要としています。酸素の体内における全消費量の20～25％を脳が消費しているそうです。酸素が不足すると、脳の活動にも支障をきたし、集中力がなくなったり、記憶力が低下したりします。さらに、脳梗塞のリスクも高まるでしょう。

理由3「水分量が減少する」

寝ている間に、人は意外と多くの汗をかいています。その量は、平均500ミリリットルほど、多い場合には1リットルにものぼるといわれています。体内の水分量にして平均約2％が奪われる計算です。

身体が乾燥すると、免疫力は低下します。また、のどの粘膜が乾燥すると、炎症を起こし、ウイルスを防御する力は弱まってしまいます。

理由4「排泄ができない」

当然のことですが、寝ている間は排泄ができませんよね。毒素を体内にためたまま、ということです。睡眠時間が長ければその分、毒素を体内に滞在させる時間が長いということになります。排泄物は身体に不要なもの。それを長期間ためておくことは体内の器官に不調をもたらす原因となります。

そのほか、寝すぎはうつや肌トラブルの原因にもなりえます。これまで「寝ると疲れが取れる」「病は寝て治せ」と思っていたら、今日からその思い込みは捨てましょう。むしろ、起きている時間が長いほうが健康にもいいかもしれませんよ。

睡魔が襲ってくる原因・その1「三大栄養素のとりすぎ」

「起きていなければ……やらなければならないことがあるのに」と思いながら、なぜか自然とまぶたが重くなってくる、ということはあるでしょう。人はなぜ眠くなるのでしょう？　睡魔が襲ってくるのには、いくつか条件があることがわかっています。

その1つが、「三大栄養素」のとりすぎです。三大栄養素とは、次のものをさします。

・タンパク質
・炭水化物
・脂質

これらは体内に吸収されると、アデノシン三リン酸（ＡＴＰ）になり、体内で必要なエネルギーを供給したり、身体の組織をつくったりする働きをします。また、血管を広げ、血流をよくする作用もあります。

エネルギーとして使われたＡＴＰは、眠りを誘発する睡眠物質「アデノシン」へと生まれ変わります。その結果、強烈な眠気が訪れるのです。アデノシンは、脳を覚醒させる神経伝達物質の1つであるヒスタミンが放出されるのを抑えることがわかっています。

鼻炎の薬である抗ヒスタミン剤を服用すると猛烈な眠気が襲ってきますよね。それは、薬の作用で、脳の中のヒスタミンが抑えられるからなのです。

よく眠気覚ましとして、コーヒーを飲む人もいるかと思います。最近の研究によれば、コーヒーなどに含まれるカフェインがアデノシンの濃度を薄め、ヒスタミンの覚醒作用を抑える効果を弱めるからだということがわかっています。

睡魔が襲ってくる原因・その2
「満腹」

睡魔が襲ってくるのは、満腹になったときも同じです。昼食でガッツリごはんを食べたあとの会議で眠気を催すのは、なにも会議が退屈だからというだけではなく、じつは身体の仕組みも関係しているのです。

眠気には「オレキシン」という脳内神経伝達物質がかかわっていることがわかっています。オレキシンは、1998年に、筑波大学国際東郷睡眠医科学研究機構の機構長・柳沢正史教授が世界ではじめて発見したものです。脳内の食欲を刺激する「食欲中枢」にあり、これが活発に働いているときには覚醒が維持され、この働きが鈍くなると眠くなるというのです。

お腹が空くと、動物は本能的にエサを探します。獲物を捕らえるには、神経を研《と》ぎ澄ませる必要があります。周囲に敵がいないかを慎重に探りながら、ターゲットとなる獲物を探し、相手に見つからないように息をひそめながら、襲撃の瞬間を待つのです。その際、動物の脳内では「オレキシン作動性ニューロン」という神経細胞がオレキシンを刺激して活発に活動させています。だから、最高潮に覚醒して獲物を狙うことができるのです。

無事に獲物にありついて、満足いくまで食べたら、次に空腹を覚えてふたたび狩りに繰り出すまでは神経をとがらせる必要がありません。勢い、オレキシンの活動も鈍くなります。つまり、眠気を催すというわけです。人間も動物ですから、この脳の働きの仕組みを持ち合わせているのではないでしょうか。また、空腹時には血糖値が下がり、オレキシン作動性ニューロンが活発に働くこともわかっています。つまり、空腹になればなるほど、このオレキシンの働きも活発になるというわけです。

ですから、満腹状態を避け、できれば腹6分目くらいを常に目指していくのがいいでしょう。「もう少し食べようかな。ちょっとお腹が落ち着いてきたかな」というくらいの状態で食べるのをやめておく、ということです。

運動をすると交感神経が優位になり、内臓の活動が緩やかになることもわかっています。逆に食べたあとに眠くなるのは、内臓を活発に動かそうとして副交感神経が優位になるからです。

睡魔が襲ってくる原因・その3
「混んだ空間」

会議や会合など、人の多く集まる部屋などで強い眠気に襲われることがありますよね。それはなぜかというと、室内の酸素濃度が薄くなり、二酸化炭素濃度が高くなるからです。

アメリカローレンス・バークレー国立研究所とニューヨーク州立大学の研究では、24人の被験者に、それぞれ600ppm、1000ppm、2500ppmと二酸化炭素濃度の異なる部屋で、それぞれ2時間半ほど過ごしてもらい、その後に意思決定能力を計るテストを受けてもらいました。すると、二酸化炭素濃度が上昇するにつれて、テストの点数が低下するという結果になりました。

屋外の二酸化炭素濃度は、約380ppmといわれています。一方、室内は1000ppmほど。二酸化炭素濃度が2500ppm以上になると、思考力や集中力に支障をきたす可能性があるそうです。換気が整っていない状態であったり、窓が閉め切られた状態で大勢の人が集まったりすると、二酸化酸素濃度は急激に上昇し、時には3000ppmくらいになることもあるそうです。

ですから、定期的に換気をすることは大切です。ときには新鮮な空気を吸うために、部屋の外に出たり、トイレに立ったりすることは、眠気覚ましに有効な方法といえるでしょう。

また、運動する習慣をつけると、酸素の吸収がよくなります。つまり、少しの酸素でも取り込むことができ、眠気を感じにくくなるといえるでしょう。

第2章

人生が一変！
失敗しない短眠の法則

短眠に必要な5つのこと

短い睡眠で目覚めバッチリ、頭スッキリでいるには、5つの要素があります。

1. 体調の見える化
2. 食事
3. 適度な運動
4. 寝る前の行動
5. マインド

それぞれについては後でくわしく紹介しますが、短眠を続けるうえでまず重要なのが自分の体調を客観視し、「見える化」することです。そして、

「どういう条件のときに体調がよくなるのか？」
「何をすると体調がイマイチになるのか？」

を法則化します。これがわかっていると、自分で自分の体調をコントロールしやすくなります。

その次に必要なのが、食べ物と食事の仕方です。「食事を制するものは睡眠を制する」といっても過言ではありません。

そして、適度に身体を動かすことで、身体の調子を整えることができます。運動といっても、決してハードなものではありません。身体のコリや疲れをほぐすことがメインになります。

短時間でも充実感を得られる睡眠を取り入れるには、寝る前の行動にもちょっとしたコツがあります。

最後にマインドですが、悩みがあったり気持ちが不安定だったりすると深い眠りにはつけません。気持ちを安定させ、穏やかな状態にすることで質のいい眠りも得られます。

図1 短眠に必要な5つのこと

1 体調の見える化

2 食事

3 適度な運動

4 寝る前の行動

5 マインド

これらは、決して難しいものではありません。日々の生活の中で、ちょっとだけ意識して心がければいいだけのことです。

「何時間寝るか？」より「何時に起きるか？」

これまでご紹介したように、睡眠は「長く寝ればいい」というものではありません。もし「7時間寝るのがいいのだ！」と思っていたなら、今日からその思い込みをリセットしましょう。

「何時間寝るか？」よりも意識を向けていただきたいことがあります。それは「何時に起きるか？」です。睡眠時間よりも、起床時間にフォーカスするのです。

最終目標は、朝4時起きです。ですが、最初からいきなり4時に起きるのはいくらなんでもハードルが高すぎますし、やる気も起きないでしょう。

そこで、まずは今より30分早く起きることを目標にしましょう。私のメソッドは、1

週間ごとに区切り、1カ月で目標達成することを目指します。

- 1週目 → 5：30起き
- 2週目 → 5：00起き
- 3週目 → 4：30起き
- 4週目 → 4：00起き

もし、現在も5時半より早くに起きている場合には、30分ずつ早めていけば、3週間で4時起きに到達できるでしょう。

これまで7時、8時起きだった場合には、4週間目に4時起きに到達するよう、均等に時間配分してみましょう。

◘ これまで8時起きだった場合

- 1週目 → 7：00起き

- 2週目 ↓ 6：00起き
- 3週目 ↓ 5：00起き
- 4週目 ↓ 4：00起き

◘ これまで7時起きだった場合

- 1週目 ↓ 6：15起き
- 2週目 ↓ 5：30起き
- 3週目 ↓ 4：45起き
- 4週目 ↓ 4：00起き

ただし、縮める時間が長ければ長いほど負担が大きくなり、成功率が下がるのはたしかです。もし確実に習慣を身に着けたい場合には、起床時間よりも毎週ごとに30分ずつ起きる時間を早めることに重点を置きましょう。これまで7時起きだった人はまず4週間で5時起きに、その後2週間かけて4時起きに。これまで8時起きだった人は2カ月で4時起きに到達したほうが、習慣はより定着しやすくなります。

毎週1テーマ×4週間でしっかり短眠の習慣が身につく

早起きは、明日からいきなりできるものではありません。もちろん、1回限りの早起きであれば可能かもしれませんが、習慣づけるためには、今の生活を少しずつ変更していくのが一番ムリのないやり方です。

私は、習慣形成のための勉強をいろいろとやってきました。そこで学んだのが、徐々に前進していくということ。毎週少しずつ変化を加えていくことで、身体は自然と新しい習慣に慣れていくのです。

たとえば、3カ月後にマラソン大会に出場することになったとします。「よし！　今日から毎日10キロ走るぞ」と気合十分に目標を立てる人は、残念ながら長続きしません。いきなり10キロも走ったら、身体が悲鳴をあげて、1週間も経たないうちに全身が筋肉痛で動けなくなってしまうからです。身体中が痛くて動かないからとランニングを休んでいるうちに、それがクセになり、「気づいたらマラソン大会を1週間後に控えていた……」ということにもなりかねません。

3カ月間練習を継続できる人は、いきなり10キロは走りません。

まず、30分のウォーキングからスタートする。

「ムリなくできるな」「大丈夫だな」と思ったら、次は30分間軽くランニングをしてみる。

数日間やってみて「いけそうだな」と思ったら、今度は45分間走ってみる。

このように少しずつ負荷をかけていくと、ムリなく続けていくことができますし、身体も慣れていきますから故障もしません。いきなりやろうとするから、挫折したり、失敗したりするのです。

短眠の場合もこれと同じです。いきなり4時間睡眠を目指すのは、突然10キロ走ろうとするのと同じです。肩慣らししながら、少しずつステップアップしていくのです。

まず、最初の1カ月間は毎週「テーマ」を設け、それに沿った生活を送ります。1週間×4週で、短眠の習慣はほぼマスターです。あとの2カ月は、特に食生活において慣れるために継続していきます。また、それを一気におこなうのではなく、生活習慣を毎週少しずつチェンジしていきます。

がんばらなくてもできるから長続きする——それが、私の短眠法のいいところです。

◻ 1週目は「睡眠の誤解を解く」

1週目では、これまで思っていた睡眠に関する「思い込み」をすべて取っ払っていきます。そして、いつもより30分早く起きること、夕食は炭水化物抜きにすることを目標にします。

◻ 2週目は「睡眠にいい食事方法を学ぶ」

2週目には、食事方法を少し意識するようにしましょう。そして、朝食なしと有酸素運動をおこないます。44ページの図の太字の部分が、新たに加わる習慣です。

図2 1週目の1日のスケジュール

朝	普段より30分早く起きる（5時半に起きる）
	5分間瞑想する
	朝起きたら、体温、体重、体脂肪率を計り、体調を5段階評価で書き込む
	1杯の水（常温）を飲む
夜	夕食は炭水化物を控える
	寝る前に20分間湯船につかる

図3 2週目の1日のスケジュール

朝

- 1週目より30分早く起きる（朝5時半起き→朝5時起き）
- 5分間瞑想する
- 朝起きたら、体温、体重、体脂肪率を計り、体調を5段階評価で書き込む
- 1杯の水（常温）を飲む
- **朝食を抜く**
- **30分間の有酸素運動（ウォーキング）をおこなう**

夜

- 夕食は炭水化物を控える
- 寝る前に20分間湯船につかる
- **ストレッチをおこなう**

3週目は「運動習慣をつける」

3週目からは、いよいよ4時半起きです。5時台から4時台に移行するのは少々ハードルが高いかもしれません。特に冬などは外が真っ暗ですから、真夜中に起きたような錯覚を覚えることもあるでしょう。私の講座を受講されるみなさんも一番苦労するところです。けれど、そこを乗り越えたら、「短眠の習慣は8割がた身に着けることができた」といえるでしょう。そのときに心の支えになるのが、「目標」と「目的」です。くわしくは60ページでご紹介します。

また、3週目は運動する習慣をつけ、大多数の人が抱えている「静止疲労」を取り除くようにしましょう。

4週目は「総仕上げ」

4週目は、これまでの「仕上げ」をする週です。仕上げとして、3週間目の習慣をより精度を上げておこないます。

図4 3週目の1日のスケジュール

朝	朝４時半に起きる
	５分間瞑想する
	朝起きたら、体温、体重、体脂肪率を計り、体調を５段階評価で書き込む
	１杯の水（常温）を飲む
	朝食を抜く
	30分間の有酸素運動（ウォーキング）をおこなう
昼	昼にフルーツを食べる
夜	夕食は炭水化物を控える
	寝る前に20分間湯船につかる
	ストレッチをおこなう

図5 4週目の1日のスケジュール

朝

- 朝4時に起きる
  4時起きも2週目です。
  少し慣れてきましたか？
- 5分間瞑想する
- 朝起きたら、体温、体重、体脂肪率を計り、体調を5段階評価で書き込む
- 1杯の水（常温）を飲む
- 朝食を抜く
- 30分間の有酸素運動（ウォーキング）をおこなう

昼

- 昼にフルーツを食べる

夜

- 夕食は炭水化物を控える
- 寝る前に20分間湯船につかる
- ストレッチをおこなう

1週間ごとにやることを増やしていくと、3週目がくるころには、1週目に課した課題が「あたりまえ」のものになっていることに気づくはずです。いきなり4時起きにするのはハードルが高いですが、徐々に進めていくと身体も無理なく慣れていきます。

毎週「ふりかえり」をして「続けるための方法」を考える

1週間ごとに区切って習慣づけをおこなっていきますが、毎週ごとに、その週の「ふりかえり」をします。具体的には、次の3つのことを自問自答してみるのです。

- 早起きしてどうだったか？
- ルーティーン（決めたこと）で難しいことは？
- 早起きしてよかったことは？

図6　習慣管理表／1W

習慣管理表

名前

日付	睡眠時間	体温	体重	体脂肪率	体調

日付	朝起き水	瞑想	炭水化物抜き	入浴20分

早起き習慣を身に着け
何を達成したいか？

なぜその目標を
達成したいのか？

それを達成すると
どうなるのか？

それを達成した際に周りに
どのような影響を与えるのか？

私の場合には、土曜日を「自分の整理をする日」にしています。朝7時から部屋の掃除、トイレ掃除とゴミ出しをします。そのあとに、このふりかえり作業をおこなっています。「習慣管理表」を見ながら、その週のことを思い返します。

◘ 早起きしてどうだったか？

いつもより早起きしたことで、どういう気持ちが生じたかを、感じるままに書いてみましょう。

「つらかった」「頭がボーっとした」「もう少し寝ていたかった」でもいいでしょう。「朝吸った空気が気持ちよかった」「頭がすっきりした」など、少しでもいい面があれば、積極的に記しておきます。次週へのモチベーションにつながるからです。

◘ ルーティーン（決めたこと）で難しいことは？

一連のやるべきことの流れで、うまくいかなかったこと、不便を感じたことを書き出してみます。たとえば、次のようなことです。

「体温を計ろうとしたときに、体温計が見つからなくて探してしまった」
「やることの順番が覚えられなくて、水を飲むのを忘れてしまった」

「どうしたらできるようになるのか？」を考えるためでもあります。

「次の週からどのようにしたら、決めたことをすんなりと全部守ることができるか？」

という方法をいっしょに見直していきましょう。そのように、試行錯誤を繰り返しながら進めていくことで、目標の達成が近づいてきます。

▣ 早起きしてよかったことは？

早起きして、実際にメリットがあったことなどを具体的に書き出しましょう。

「朝吸った空気がとても気持ちよかった」
「読みたかった本が10ページ読めた」
「部屋を掃除することができた」

などです。「やっぱり早起きを続けたほうがいいな」と再認識することができるでしょう。

次章からは、「短眠に必要な5つのこと」で挙げたことを1つずつくわしく見ていきましょう。

Column

たまにはあえて「悪い習慣」を

私は、普段は早起きをし、食べるものに気を遣うなど、いい習慣を続けています。ですが、1週間から10日に1回は、あえて悪い習慣をおこなうようにしています。いい習慣がいかに体調にいい影響を与えているかを実感するためです。「比較実験」をしているようなところがあります。

休みの日には、あえて8時間くらい寝ます。すると、1日中ボーっとして、頭が働きません。

食べ物も、ありとあらゆるものを食べます。先日は、ペヤングソース焼きそばの特大サイズを、1度に3個食べました。1食2000キロカロリーくらいですから、1度に

6000キロカロリーとったことになりますね。デザートには菓子パンも。ジャンクフードのフルコースです（笑）。

すると、見事に頭が働きません。ずーっと頭に霞がかかったようになり、無気力になります。「あて名書きでもしようかな」と頭では思うのですが、身体が動かない。やる気にならないのです。「もういいや。明日やろう」「あとでやろう」と。

やるかやらないか、本当にちょっとした差なのですが、この差の積み重ねがのちのち響いてくるのです。これは、たまに「悪習慣」をおこなうからこそ得られる気づきでもあります。

第3章

【見える化】
自分を知ることが
睡眠のコントロールにつながる

自分の体調を5段階評価で「客観視」する

睡眠の質を高めるためには、まず自分の現状を知り、体調を整えることが大切です。そこで、毎朝、体調を5段階評価にしてつけることをすすめています。これを1カ月以上継続的につけていくうちに、「前の日に何をしたから体調がよくなったのか？」「何をしたら体調が悪くなったのか？」という法則が見えてきます。

「前の日にハイボールを5杯飲んだら、翌朝の体調が2になった。ハイボール3杯の日は4だった」

「前日、寝る前にストレッチをしたら、翌朝の目覚めがものすごくよくて、5になった」

「朝20分間散歩をしたら、4になった」

などです。これらをすべて書いておくのです。そのうち、

「このやり方は自分には合っていない」
「これをすると5が増える」

といった、自分に合った方法が見えてきます。この座標は、あくまで自分の「感覚値」でかまいません。

ここで重要となるのが、もともとの自分の「平均」となる体調を知っておくことです。たとえば、卵の値段が高いか安いかを知るには、まず「通常、卵がいくらで売られているのか?」という市場価格を知っておく必要がありますよね。それと同じようなことです。

まずは、自分が食べているものを一度全部記録してみるといいでしょう。
「身体をどのくらい動かしているのか?」「どれだけ歩いているか?」をあえて表につけてみるのもおすすめです。こうして、まず自分の「現状」を把握し、そのあと体調を5に引き上げる方法を考えていくのです。

自分の「取扱説明書」をつくってみよう

私の場合、体調がいいなと思った日の朝は、ものすごく遠くまで見渡すことができます。目の見えがいいような、視野が広くなるような感じがします。そして、頭もすっきりとクリアな感覚です。

その日の体調を毎日気にかけているうちに、「今日は5だな」と思える日が増え、代わりに体調が1や2の日が減っていきます。自然と自分で「3以上にもっていこう」と体調をコントロールできるようになるのでしょう。以前は「飲み会で飲みすぎて翌日は二日酔いがひどく、体調は最悪の1」ということもありましたが、今では体調1になる日はあったとしても年に2、3回ほどです。それはなぜかといえば、

「ハイボールを5杯飲んだから、寝る前に水を2杯飲んでから寝ると体調3に戻る」
「夜21時以降は飲まないようにすると、二日酔いにならない」

といった「自分ルール」があるからです。これを実践していけば、1や2を回避できるようになるのです。自分の毎朝の体調に意識し、「どのような行動を取ったときに自分の体調が悪くなるか？」「どういうエクササイズや食事をとったら体調がよくなるか？」という傾向を知ることはとても重要です。

まずはとりあえず4週間、土日も含め、私の提唱する方法を試してみてください。そして、自分の取扱説明書をつくるつもりで、次のことを客観的に見直してみてください。

- 自分はどういう行動をすると体調がいいのか？
- 何を食べると体調がよくなるのか？
- 何をどのくらい飲むと体調が悪くなるのか？
- 体温が何度あると体調がいいのか？　何度以上あると体調が悪いのか？

私の方法がすべての人にとって100％正解とはかぎりません。「何が合っていて、何が合わないのか？」を探ってみてください。そのうえで、「どうしても力が出ない」とか

「自分には合わない」と思ったら、自分流にアレンジしていただいてかまいません。最終的に、自分に最高にフィットしたやり方で、「朝何時に起きたい」「何時間睡眠を取りたい」というゴールを達成できればいいと思います。

「何のために短眠したい？」4つの質問で目標と目的をしっかり決める

習慣と並んで大事なのが、目標です。まず、図の4つの質問に答えてください。

「これ、短眠と関係があるの？」と思うかもしれませんが、これが大ありなんです。というのも、短眠が長続きするか否かは、「目標をいかにしっかりと持っているかどうか？」によって大きく左右されるからです。

私は、いつも「目標と目的をまずしっかりと決めてください」と言っています。

図7 目標を立てる4つの質問

1. 短眠の習慣を身に着けたら、どのような目標を達成したいですか？
2. なぜその目標を達成したいのですか？
3. その目標を達成すると、どのような気持ちになるでしょう？
4. その目標を達成することで周りにどのような影響を与えたいですか？

目標とは、「何がしたいか？」「向かうべきところ」。

目的とは、「何のためにそれをするか？」「何のためにそこに向かうのか？」です。

目的のほうが、より具体的な行動を掲げることが多いでしょう。

この2つの軸で物事を決めることが大切です。これは短眠においても非常に重要なことです。

私がいた関西大学のアメフト部は、入部する前までそれほど強くありませんでした。毎シーズン、一部と二部をいったりきたりするようなチームだったのです。

大学2回生のときに監督が変わり、新しいコーチが入ってきました。監督は「強いチームをつくる」「学生でチャンピオンを目指す」という目標と、「社会に役に立てる人材育成をする」という目的を掲げました。そして、「社会人としてきちんとできているか」という基準軸を置いたのです。「遅刻をしない」「人に迷惑をかけない」など、人としてあたりまえのモラルを徹底的に指導されました。どんなにアメフトの技術に長《た》けている選手でも、遅刻する人はダメ。学業がおろそかになり、成績が足りていない学生は評価されません。日ごろの筋トレの数値が悪ければ、どれだけ優秀でも試合には出場させてもらえませんでした。監督は、「みんなで決めたルールの中で求められるパフォーマンスをきちんと発揮できる人しか使わない」と言い放ちました。

その結果、どうなったでしょう？ チームはどんどん強くなり、ついには63年ぶりに全国優勝を果たしたのです。それ以来、一部リーグにいるのは当然。私がコーチとして携わっていた10年間、関西で3位以下になったことはない強豪チームとなりました。

考えてみると、以前は目標と目的がしっかりと定まっていませんでした。目標も目的も「日本一になる」だったのです。「日本一になるために、日本一を目指す」というのは、なんか変ですよね。それを「学生でチャンピオンを目指す」という目標と、そのために「社会に役立つ人材育成をしていく」という目的に変えたところ、基準軸も変化したのです。

関西学院大学のアメフト部の監督も、アメフトのことは一切教えないそうです。「どういう男になりたいか？」をずっと学生に問い続け、答えを出させる。そして、「それを実現させるためには何が必要か？」を考えさせる。するると、学生が自主的に練習をはじめるのだといいます。

このように目標と目的を持つと、人はがんばりを発揮できるです。

私はこの目標と目的を短眠法にも取り入れました。早起き習慣を身に着けたい方たちにはまず、この目標と目的をしっかりと考えてもらうようにしています。それが先に挙げた４つの質問です。

「目標を達成したときに、自分はどのように変わっているか？」をイメージする

では、どのようにして目標や目的を決めればいいでしょうか。これらは、泥臭くても生々しくてもいいのです。たとえば、

「母親の入院費を稼がなければならない」
「子どものお稽古代を捻出する必要がある」

など、明確な目的がある人は強いです。

ある方は、「世界一の切り絵師になる」という目標を掲げました。達成のために早起きをはじめたのですが、順調に課題をこなし、3カ月で早起きに失敗したのはたった2回でした。志を持っていると、自然と目標達成にも積極的になれるのでしょう。

私のセミナーを受講される方は、毎朝起きるとLINEやメッセンジャーなどで「おはようございます。今起きました」というメッセージを送ってくれます。もし、ともに早起きを目指す友達や家族がいる場合には、先に起きたほうがLINEなどで「起きたよ」と送るルールをつくってみるといいでしょう。そのほうが励みになるからです。

「なぜ早起きをしたいのか？」という目標をまずは明確にする。

そして、「目標を達成したときに、自分はどのように変わっているか？」という未来像をイメージする。

最初はあいまいな目標でもいいでしょう。2週目、3週目と考えるうちに、少しずつ目的が定まっていけばいいのです。

受講者さんには、毎週ヒアリングをしています。ときには、「ほかに別の方法もあるんちゃう?」とあえて意地悪な質問をすることもあります。

このように、早起きと並行しながら、自分のやりたいことも突き詰めていきます。自分のやりたいことが定まると、そのために起きるので、自然と早起きがつらくなくなってくるはずです。私は寝る前に「明日は何の本を読もうかな?」とか「明日はこれをしよう」と決めると、次の日の朝、起きるのが楽しみになります。

「自分だけの目標ではない」という意識を持つと、挫折しにくくなる

目標や目的がしっかりしているか否かで、短眠の習慣が身につくかどうかは7割くらい決まってきます。私の場合は、まず「日本の金融業界をレベルアップさせたい」という目標を掲げました。「銀行、証券、保険といった業界の枠を取っ払い、金融業界全体をよくしたい」と思ったのです。

そのために、MDRT（Million Doller Round Table）という、生命保険と金融サービスの専門家で構成された世界的な組織のメンバーになることを目的にしました。1927年に発足したこの組織は、世界で売上トップ3％の売上があるといわれ、保険業界に身を置く人の多くが目指す資格ともいえるでしょう。だれかに金融の話をするときに、この資格があったほうが信ぴょう性や説得力も増し、影響力を与えられるだろうと考えたのです。保険屋さんには、つらいこともいっぱいあります。断られることも多いですし。それでもくじけずに続けることができたのは、この目標・目的があったから。さらに言えば、短眠も、「なんとなく」の目標や目的しかなければ続かなかったと思います。

同じくMDRTへの加入を目指す人にその理由を聞くと、

「せっかくだから」
「会社に言われたから」
「収入をアップさせて、高級外車を買いたいから」

という理由が返ってくることがあります。

「なんで、いい車を買いたいのですか？」と突きつけていくと、答えに詰まってしまう。「……別にＭＤＲＴを取らなくてもいいんじゃないんですか？　ローンを組んだら、今のままでも乗れますよね」と言うと、口ごもるばかりです。

このように、あいまいな理由だったり、自分のためだけの目的だったりすると、挫折もしやすいですし、あきらめてしまうことも多いです。それを防止するために、「自分が目標・目的を達成したときに周囲にどういう影響を与えるか？」をイメージしてみることが大切なのです。

目標が達成できなかったときには、自分だけでなく、まわりの人たちもいい思いができないことをしっかりと心に刻み込みましょう。「自分だけの目標ではないのだ」という意識を持つと、モチベーションは下がりづらく、挫折しにくくなります。踏ん張りが効くのです。

「習慣管理表」で目標を手軽に管理

目標の管理には、71~74ページの図の「習慣管理表」を利用しましょう。この紙をプリントアウトして、冷蔵庫やリビングの壁など、目につく場所に貼っておきます。できれば、近くに筆記用具も置いておきましょう。朝起きたら、ストレスなく記入できるようにしておくのです。終わったものはファイルして保管しておくと、自分の取扱説明書として貴重な資料になります。

「毎日、手書きするのはめんどくさい」という場合には、プリントアウトしたものをラミネート加工し、1週間が終わったら消して、繰り返し使えるようにするのもいいでしょう。週の終わりには、消す前に写真を撮り、保存することを忘れないようにしましょう。

最近は、パソコンで入力する人も増えています。受講者の方は、パソコンで入力したものをメールで私に送ってくれることが多いですが、パソコンを使うと、パソコンを開いて立ち上げる→アプリを開く→キーボードで打ち込むという手間がかかります。「この手間がめんどうだな」と思う方は、やはり紙に直接書き込むことをおすすめします。

図8 習慣管理表／1W

習慣管理表 名前

日付	睡眠時間	体温	体重	体脂肪率	体調

日付	朝起き水	瞑想	炭水化物抜き	入浴20分

早起き習慣を身に着け
何を達成したいか？

なぜその目標を
達成したいのか？

それを達成すると
どうなるのか？

それを達成した際に周りに
どのような影響を与えるのか？

図9 習慣管理表／2W

習慣管理表

名前

日付	睡眠時間	体温	体重	体脂肪率	体調

日付	朝起き水	瞑想	有酸素30分	朝食抜き	炭水化物抜き	入浴20分	ストレッチ

1週間早起きしてみて
どうだったか？

ルーティンで
難しいものはあったか？

早起きしていいことは
ありましたか？

図10 習慣管理表／3W

習慣管理表

名前

日付	睡眠時間	体温	体重	体脂肪率	体調

日付	朝起き水	瞑想	有酸素30分	朝食抜き	炭水化物抜き	フルーツ

日付	入浴20分	ストレッチ				

2週間早起きしてみて
どうでしたか？

早起きで難しいものは
ありましたか？

早起きしていいことは
ありましたか？

早起き塾のセミナーで復習してほしいことや、
営業関連や早起き以外で
勉強したいことはありますか？

図11 習慣管理表／4W

習慣管理表　名前

日付	睡眠時間	体温	体重	体脂肪率	体調

日付	朝起き水	瞑想	有酸素30分	朝食抜き	炭水化物抜き	フルーツ

日付	入浴20分	ストレッチ				

第4章

【食事】食べ方ひとつで眠りの質は大きく変わる

1日のうちで、人間が一番エネルギーを消費する活動は何だと思いますか？　走ること？　トレーニングすること？　頭を使って考えること？

じつは「食べ物の消化」です。脳が消化器官に指令を出すと、内臓が働き出すのです。一度口に入れた食物が便として排出されるまで、一般的に12時間から16時間ほどかかると言われています。その間、私たち自身はまったく意識していなくても、脳や内臓はずっと働き続けることになります。それは、寝ているときも同じ。睡眠時に消化が終わっていないと、脳や内臓は休まらず、いくら寝ても疲れが取れないということになるのです。

実際に、1日のエネルギーのうち、約8割が食べ物の消化に使われているとも言われています。とても大きな割合を占めていると思いませんか？　もし1日に使うエネルギーのうち、食べ物の消化に使われる分を8割から6割まで減らすことができたら……。その分、脳や内臓の負担も減りますから、睡眠時に脳や内臓も休まり、翌朝はすっきり爽快に目覚めることができるでしょう。

食事1回を消化するために使われるエネルギーは、フルマラソン1回分に匹敵

楽に早起きするための強い味方になってくれるのが「酵素」です。酵素は、アメリカ人のエドワード・ハウエル博士が50年以上にわたって研究を続けて発見したもので、1985年に著書『酵素栄養学』の中で紹介され、そこから全世界へと広まっていきました。ハウエル博士は、「酵素の神様」と言われています。

酵素は人間に限らず、動物、植物などあらゆる生物に存在しています。食べ物をエネルギーに換えるほか、呼吸をするのも、手足を動かすのも、臓器を働かせるのも、すべて酵素の力によるものです。つまり、ありとあらゆる力の源が、この酵素だというわけです。ハウエル博士は、酵素のことを「生命の光」と呼びました。遺伝子（DNA）によって日々生産され、年齢とともに少しずつ生産量が減っていきます。アメリカの医学部では、酵素を学ぶカリキュラムが必ず組み込まれていて、医療に応用することでガン患者は減少傾向にあるといわれています。

酵素には「消化酵素」と「代謝酵素」の2つがあります。消化酵素は、食物を細かく分解し、吸収できるようにします。代謝酵素は、分解されたものを使って、いろいろな細胞をつくり、身体をつくりあげていきます。

人間の体内に、消化酵素は24種類、代謝酵素はじつに2万種類あるといわれています。消化酵素と代謝酵素は連携を取っていて、消化がうまくいくと、代謝も円滑におこなわれますが、消化が悪いと代謝にも悪い影響が出ます。

食べ物をしっかり食べると、体内の酵素の80％が消化酵素に回り、代謝酵素はたったの20％になります。消化に重点がおかれるため、代謝がおろそかになってしまうのです。実際、人間の1日のエネルギーの8割は消化に利用されているともいわれています。

食事1回を消化するために使われるエネルギーは、なんとフルマラソン1回分に匹敵します。朝起きてすぐ食事をとる人は、起きてすぐにフルマラソンをしているのと同じことなのです。どれだけ身体に負担がかかっているかわかりますよね。

消化酵素は「木こり」、代謝酵素は「大工さん」

イメージとしては、消化酵素は「木こり」、代謝酵素は「大工さん」です。木こりが木を切って木材を調達し、大工さんはその木材を使って「細胞」という家を建てていきます。食べ物ばかり食べている状態は、木こりばかりが増え、木材だけがどんどん出来上がっていくのと同じです。木材はあるのに、大工さんがいないので家が建てられないのです。

では、あまった材料はどうなるでしょうか？　木材なら置いておけばいいかもしれませんが、体内ではそれが脂肪として蓄積されます。こうして太るのです。代謝酵素という大工さんがいれば、細胞という家は建ちますし、余材もありませんから太ることはありません。

そのためにどうするか？　酵素の豊富な食材を食べるのです。消化酵素をあまり使うことなく食べ物を消化分解することで、「大工さん」である代謝酵素が増え、せっせと働いてくれます。余剰在庫がなくなるからやせますし、いい細胞が常に体内に存在するので、短眠で長く起きていてもエネルギー切れになることなく、元気に過ごすことができます。

目覚めよく早起きできるためのコツは、「いかに消化酵素を使わず、代謝酵素を働かせるか？」にあります。消化酵素を多く消費するのは、糖や添加物の多い食事、血糖値を急激に上げる食品、そして食べすぎや夜遅くの食事などです。酵素のムダづかいは、寿命をも縮める結果になります。

「生の食べ物」「発酵食品」は酵素をあまり使わずに消化吸収をおこなってくれる

食事をとり過ぎると消化酵素が使われ、代謝酵素の働きが弱まります。ですが、消化酵素をあまり使うことなく、消化吸収をおこなってくれるありがたい食材があります。それは、「生の食べ物」です。最近は「ローフード」とも言われます。生の果物や野菜、海藻類には「食物酵素」が含まれています。年齢とともに減少していく酵素を食物酵素で補うことで、消化や吸収が活性化されるのです。

なぜ生がいいのでしょう？　酵素は47度以上になると活動を停止してしまうからです。ライオンやクマなどは、肉食動物であるにもかかわらず、心臓病や動脈硬化などのいわゆる生活習慣病になりません。野生動物には、そのような病気がほとんど存在しないといわれています。カナダ北部やアラスカ、グリーンランド、シベリアなどに住む先住民族イヌイットは、かつて狩猟などで仕留めたアザラシや魚、シロクマ、トナカイなどの生肉を食べていましたが、動脈硬化などの病気にもかかりませんでした。ですが、最近はライフスタイルが大きく変わり、アメリカの食文化を取り入れることで、生食によって得られていたビタミンなどの栄養素が不足し、ガンや動脈硬化などの生活習慣病を発症することも多くなってきたといいます。

野菜ならサラダ、魚介類なら刺身がおすすめです。

そのほか、酵素を多く含む食品に「発酵食品」があります。みそ、しょうゆ、納豆、キムチ、たくあんやぬか漬けなどの漬物、塩辛などです。

「漬物は塩分の取りすぎになるのでは？」と心配される方もいるかもしれません。「塩分をとり過ぎると血圧が上がる」と考えられていますが、本当に塩分で血圧が上がる人は実際には全体の2割ほどだといわれています。最近、巷には「減塩」の食品が数多く売られていますが、塩を減らす代わりに何が入っているかといえば、「化学調味料」です。じつは「化学調味料を売りたいがために減塩をすすめているのではないか？」と言っている人もいます。もちろん、本当に血圧が上がるのであれば塩分を取るのは控えたほうがいいですが、そうではないのであれば、気にしすぎなくてもいいでしょう。自分がどちらの部類なのかは、漬物を食べたときと食べないときでどのように体調が異なるかを調べてみるのが一番です。

「身体を冷やす」「糖分をとり過ぎる」という大きな誤解

「生野菜や果物はいいですよ！」とおすすめすると、「でも……」とおっしゃる方がいます。その理由の1つが、「生野菜は身体を冷やすのでは？」というものです。

たしかに、生野菜を食べると一時的に体温が下がります。しかし、食物酵素が増えることで新陳代謝が上がり、すぐに体温は上がるのです。ですから、結果的には生野菜は身体を冷やすことにはなりません。定期的に生野菜や果物をとり、酵素を多く取り入れることで、むしろ冷え性を改善することにもつながります。

もう1つ、「果物は甘いから、食べすぎると糖分のとり過ぎで太りますよね」という声も聞きます。たしかに、最近の果物は甘みの強いものが多いですが、それは果糖によるもので、砂糖とは別ものです。果糖は、砂糖とくらべて血糖値が上がりにくいです。しかも、果物の多くは80％以上が水分です。また、次のようにどれも低カロリーです。

- バナナ1本　↓　約90キロカロリー
- リンゴ1個　↓　約140キロカロリー
- イチゴ1粒　↓　約5キロカロリー
- オレンジ1個　↓　約60キロカロリー

よっぽど食べすぎたり、真夜中に食べたりしない限り、果物で太ることはありません。

「食べる順番」が目覚めを決める

では、酵素はいつ食べるのがいいでしょう?

答えは、「食事のはじめ」。加熱調理された料理を食べる前に、まず酵素たっぷりの食べ物を胃におさめるのです。特に、消化負担の軽い生野菜や果物がおすすめです。

生野菜が胃に滞在する時間は、30分ほどと言われています。一方、ごはんやパン、パスタなどの炭水化物は3~4時間、肉や魚などのタンパク質はじつに4~8時間滞在することがわかっています。消化の悪いものを食べてしまうと、長時間胃の中にとどまり続けるのです。そのため、次に食べたものたちが身体の中で渋滞を起こすことになります。それはどういうことかというと、お腹の中で消化されない食物が発酵しはじめ、身体に悪影響を与え出すのです。腸内には善玉菌と悪玉菌が存在しますが、悪玉菌はタンパク質や脂質を好むといわれています。腸内を腐敗させ、有害物質を発生させるのです。

生野菜などは胃の滞在時間が短く、渋滞を引き起こしにくいので、次に食べたものもきちんと消化されます。さらに、生野菜自体が酵素たっぷりですから、消化吸収も助けてくれるのです。100のエネルギーを消化吸収するために必要なエネルギーの量は、野菜が10であるのに対し、肉は70かかります。野菜は非常に効率的ですね。さらに、野菜や果物に含まれる食物繊維は、腸内の善玉菌を増やしてくれます。腸内での消化吸収も促進することができるのです。

たとえば、パン、サラダ、ベーコンエッグの朝ごはんが並んでいたとします。どれから食べるのがいいでしょう?

そうです、正解はサラダです。まず、食物酵素をたっぷりとり、消化する準備を整えてから、消化に時間のかかる食品を食べるのです。

私は毎日、リンゴやバナナ、ニンジンなどをミキサーにかけて食べています。ジューサーではなく、「ミキサー」がポイントです。食物の繊維が残った状態で飲むことが大切なのです。ジューサーだと、繊維が取り除かれてしまい、ただの果糖の塊ドリンクになってしまうだけです。

生野菜や果物は、同じカロリーでも肉に比べて量を多く食べることができる

生野菜や果物は、総じて低カロリーのものが多いので、同じカロリーでも肉に比べて量を多く食べることができます。たとえば、100キロカロリーの場合、肉だと33・4グラムなのに対し、ブロッコリーは232・6グラム。重量で比較すると、じつに7倍以上も食べられる計算になります。ブロッコリーを切り分けた際、1房は大きめのもので約32グラム、中サイズで約22グラム、小サイズで約11グラムです。肉33グラムだとひと口で食べられるくらいの分量ですが、ブロッコリーなら中サイズで10房以上食べられます。食べ応えがありますね。

野菜や果物には、ビタミンやミネラルなど、習慣病の予防に役立つ栄養素がたっぷり含まれています。100キロカロリーあたりの肉とブロッコリーの栄養素を調べてみると、ブロッコリーはタンパク質が2・2倍、カルシウムが68倍、鉄分が10・3倍、ビタミンCはなんと372倍にのぼることがわかっています。

逆に、身体によくないとされる脂肪は、肉の場合はカロリーの70%を占めるのに対し、野菜では2・1%です。脂肪分はほとんどないから、とてもヘルシー。代わりに、野菜や果物には、肉にはない食物繊維が入っているといいことづくめです。

朝食は食べなくていい

「朝ごはんをきちんと食べないと、午前中、頭が働きませんよ」

小さいころ、そう言われた人も多いのではないでしょうか。ですが、「朝食を食べる」という行動は、もともと人間の習慣にはなかったものです。日本でも、江戸時代までは1日2食が一般的でした。

じつは、朝食をとる習慣はある人が企業利益のためにつくり上げたと言われています。

「ある人」とは？　発明王と言われるエジソンです。

エジソンは、トースターを発明しました。そして、トースターを少しでも多く売るために、販売会社と共同で、「朝はトースターでパンを焼いて食べましょう」という、1日3食の「常識」をつくり上げたのです。エジソンは「どうしたらあなたのように頭がよくなれますか？」という質問に対して、「1日3食欠かさず食べることだ」と答えた、というエピソードもあります。

朝食をとるのは、本来の人間の生活リズムとはかけ離れた習慣です。酵素学から人間の1日の生活リズムを見ると、24時間を図の3つの時間帯に分けることができます。

消化の時間は、文字どおり、食べたものを体内で粉砕し、消化に充てる時間。昼から夜の20時までです。

20時からは、消化されたものの中から栄養分を体内に吸収していく時間。

そして4時からは、体内に不要な老廃物を体外に排出する時間です。

この時間割を守って食べ物を食べると、身体がとても効率よく働きます。

では、朝食を食べる時間は、3つのうち、どの時間帯になるでしょうか？

そう、「排泄の時間」です。本来は老廃物を体外から出すために酵素を使いたいのに、朝食をとることによって、酵素を「消化」することにあてなければならなくなるのです。

図12 24時間を3つの時間帯に分ける

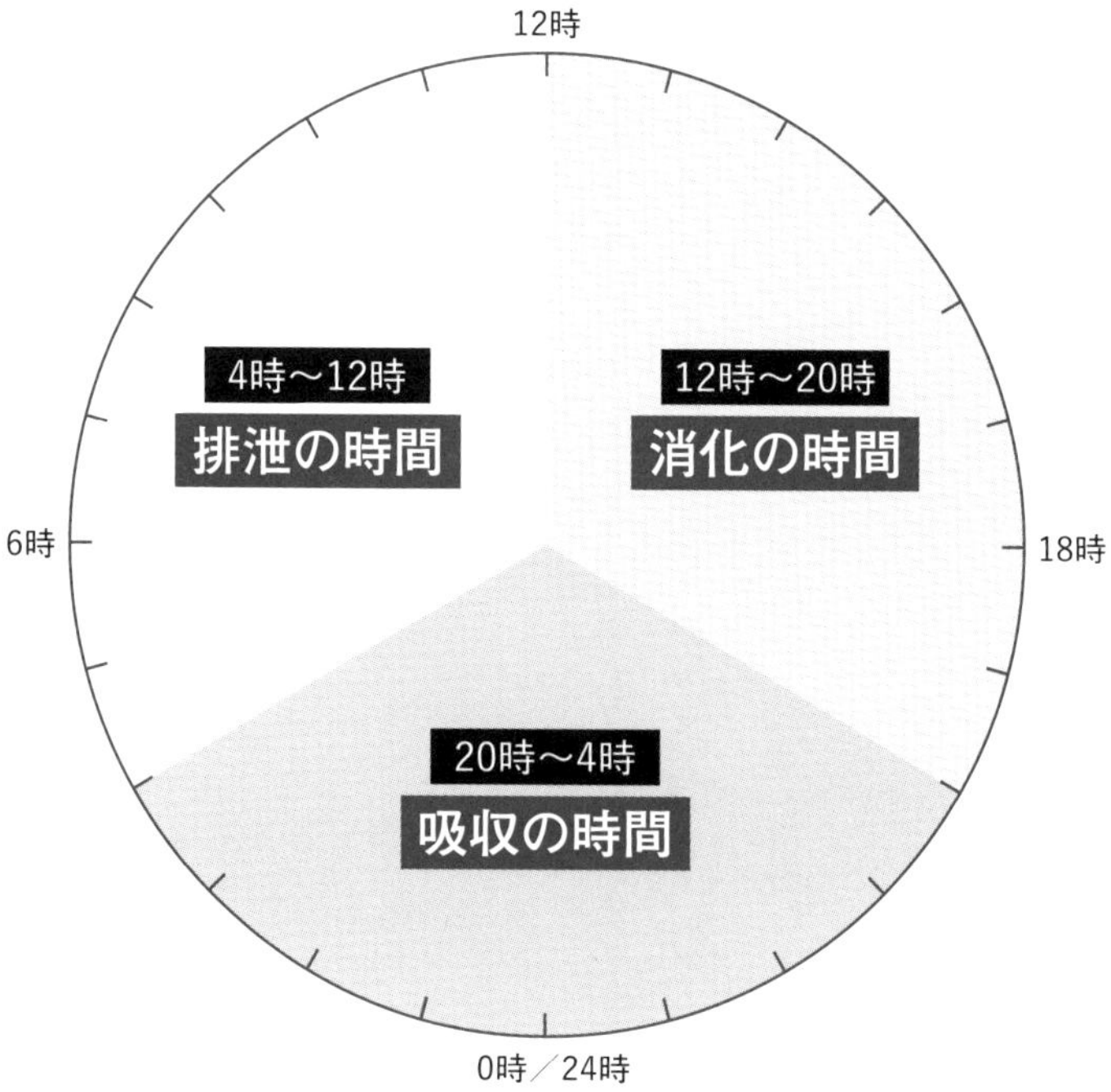

1食分を消化するのに、約14時間かかるといわれています。朝7時に朝食を取ると、それが消化分解されるのは21時くらい。意識はしていないし気づかないですが、体内ではずっと働き続けているのです。体内のリズムが大幅に崩れますし、身体にとって大きな負担を強いることになります。朝食を抜いて、内臓を休めることが、疲れを回復する大きな原動力になるのです。

古代の人間の生活リズムに戻して、朝食抜きの生活にしてみませんか。身体が軽くなり、頭もスッキリしてくるはずです。

「不調のときはスタミナをつける」は、弱った身体に鞭打つようなもの

具合が悪いと感じたとき、「ちょっと弱っているかな」と思ったとき、あなたはどのようにして体調を回復しますか？

「スタミナのつくものをガッツリ食べて、元気になる！」という方もいらっしゃるので

はないでしょうか。わたしはハイパー体育会系なので、これまでずっと「体調が悪いときにはしっかり食べて治せ！」と言われ、それを信じ込んでいました。しかし、じつはこれが大きなまちがいでした。

先にもお話ししたように、食べると消化酵素の働きが大きくなり、代わりに代謝酵素の働きがおろそかになってしまいます。そのため、身体のメンテナンスがなかなかおこなわれず、ただ疲労がたまっていくばかりになるのです。過去を振り返って考えてみても、「ガッツリ食べて劇的に回復した」ということは残念ながらなかったように思います。

たとえば、バナナをトンカチで叩くとどうなるでしょう？

1、2回叩くと、ぐちゃぐちゃにつぶれますね。

では、分厚い豚肉を同じようにトンカチで叩いたらどうでしょう？

1、2回叩いたくらいではびくともしません。力強く何度も何度も叩くことで、ようやく崩れていきます。

とてもおおまかに言うと、体内ではこれと似たようなことがおこなわれているのです。バナナは比較的楽に消化吸収できますが、分厚い豚肉は消化するために内臓がフル稼働しています。元気なときならまだしも、体調の悪いときにトンカチでガンガン叩かなけ

図13　**酵素を温存する4つのポイント**

1. 酵素学的１日の生活リズムを知る
2. 不調のときは何も食べない
3. 食前にはまず「生野菜・果物」を
4. 酵素をムダづかいする食品に気をつける

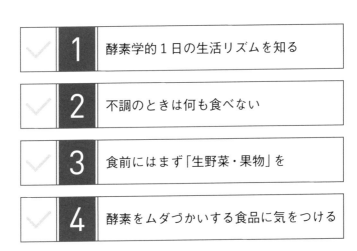

ればならない……考えるだけでも疲れますよね。「体調の悪いときにはガッツリしたものを食べてスタミナをつけるぞ！」という行動は、まさに弱った身体に鞭打って労働させているのと同じことなのです。

弱っているときには、内臓も休ませてあげる。食べないほうが身体も休まり、回復する力を蓄えることができるのです。

免疫力の低下を招く「食べてはいけない」もののリスト

基本的に、人は食べ物から栄養を得ています。その結果、エネルギーをもらい、免疫力を高めることができるのですが、逆に摂取することで免疫力を低下させてしまう食品もあります。免疫力が低下すると、眠りの質も低下します。寝つきも寝起きも悪く、「寝ても寝ても寝足りない」「起きてからも頭がボーっとしている」といった症状に陥りがちです。そういった「食べてはいけない」ものをご紹介していきます。

砂糖

最近は「糖質オフ」とあちらこちらで言われていますが、糖質のとり過ぎは免疫力を下げます。糖質を大量にとると、体内に侵入したウイルスや細菌と戦う白血球の活動が弱まるのです。ノーベル化学賞を受賞したライナス・ポーリング博士の研究によれば、砂糖を摂取した後4時間から6時間は、身体の免疫力の75％が奪われるそうです。

そう考えると、私は学生のころに風邪ばかり引いていたのにも納得がいきます。毎日菓子パンを3個くらい食べてから、混み合った電車に乗って学校に行っていました。免疫力が下がった状態で人混みにまみれていたから、何かしらウイルスやら菌やらをもらっていたのでしょう。

さらに言えば、10年来、頭痛にも悩まされていました。いつも頭痛薬を持ち歩いていました。あるときは、道端で突然あまりの頭痛のひどさに動けなくなり、近くにいた方に「救急車を呼びましょうか？」と声をかけていただいたほどです。

ところが、食事の改善をしたところ、この頭痛も治りました。今では年に1度、頭痛薬を飲むかどうかです。たぶん、糖質とエネルギーをとりすぎていたのだと思います。

砂糖の中でも、精製されたものは、特に控えたほうがいいでしょう。栄養素がほとんど失われていると言っても過言ではないからです。血液中を糖の大洪水にし、糖代謝を混乱させるなど、さまざまな病気の原因にもなります。「麻薬と同じ効果がある」と言っている研究者もいるほどです。

360ミリリットルのコーラには、小さじ12杯分の砂糖が入っています。これを2缶飲むと、白血球の活動効率が5時間にわたって92％も低下し、病気になるリスクが高まります。

◘白米

精製された白いもの、たとえば白米なども控えたほうがいいでしょう。米の栄養が詰まっている「ぬか」や「胚芽」の部分を削ってしまっているからです。米を食べるのであれば、玄米のほうがいいでしょう。白いパン、精製された小麦食品なども同じです。

血糖値は、なるべく急上昇したり急降下せず、緩やかに上昇、降下するほうが安定します。「白米や白いパンが食べられないなんて、そんな生活耐えられない！」という人もいるのですが、100年くらい前にはそもそもなかったものです。工業化が進んで出てきたのが、白米であり、精製された小麦粉です。江戸時代に白米を食べる習慣ができたことで、かっけが大流行しました。これは、玄米を食べることで摂取していたビタミンB1が、精米してビタミンB1を含む胚芽部分が取り除かれた白米を食べるようになったことで不足するようになったからです。

■ 肉や魚などの動物性タンパク質

先にもお話ししたように、特に動物性タンパク質は、消化するのに時間がかかります。その結果、酵素を消化のためにとられ、代謝が後回しになってしまうのです。疲れているときにこれらを食べると、かえってエネルギーを奪われてしまうので、逆効果です。

ちなみに、日本で流行している糖質制限ダイエットは、アメリカでは10年前に流行りました。炭水化物など糖質を抑える代わりに肉を食べることが多くなりがちですが、その結果、大腸ガンの患者が増加したといいます。とり過ぎはよくないですね。

◻ 加工食品

ハム、ソーセージ、ベーコン、かまぼこやはんぺんなどの練り物、燻製、お菓子、インスタント食品など、食品添加物が入った加工食品は、なるべく避けたほうがいいでしょう。食品添加物は、分解されずにそのまま腸まで到達し、体外へと排泄されます。その間、消化するために、たくさんの酵素が使われます。さらに、化学成分が活性酸素を発生させるため、その解毒のためにも酵素を必要とするのです。まさに酵素のムダづかいですね。

加工食品は工場でつくられていますが、これらは酵素がまったく含まれていないものがほとんどです。胃腸内視鏡分野の世界的権威である新谷弘実先生は、酵素が含まれていない食品を「死んだ食品」と呼んでいます。酵素が含まれる食品は、新鮮で、自然のままであり、生命力があることが条件とされています。工場で生産された食品は、これらの条件を満たしていないというわけです。

また、冷凍食品などに使われるリン酸塩という食品添加物をとることで、ミネラルの吸収が阻害されることもわかっています。

人は、1年間に食品添加物を4キロ~8キロも食べていると言われています。加工食品をすべてカットするというわけにはなかなかいかないかもしれませんが、今より少しでも減らす努力はできると思います。これからは、買う前に製品の裏の成分表を見て、できるだけ添加物の記載の少ないものを選ぶ習慣をつけましょう。

私は添加物が入っていない加工食品を見つけるのが難しいので、「探す手間を考えたら、いっそのこと食べないほうが早いな」と思い至りました。以来、肉や野菜など、それ自身が「原料」となる食品を買うようにしています。

■牛乳

「大きくなるには、牛乳をたくさん飲みなさい」と子どものころ言われたこともあるのではないでしょうか。牛乳はカルシウムの塊のように思われているところがあります。

しかし、最近では牛乳は飲みすぎないほうがいいという説も多いようです。1986年には、ハーバード大学のヘグステッド博士が、「牛乳は骨の強化にはつながらない」という研究結果を発表しています。7万人以上の女性を対象に約12年間追跡調査したところ、乳製品を多くとっている人のほうが骨粗しょう症の率が高いというのです。また、世界の4大酪農国は、アメリカ、フィンランド、スウェーデン、デンマークですが、骨粗しょう症が多いといいます（カルシウム・パラドクス）。牛乳を飲むと体が酸性に傾きやすく、それを中和させるために体内で骨の中に存在しているカルシウムが使われてしまうというのです。逆に、最近まで牛乳を飲む習慣がなかったアジアの人たちに骨粗しょう症が少ないそうです。海藻や小魚などからミネラルをとってきているからでしょう。

２０１５年にアメリカ臨床栄養学会誌に発表された研究結果によれば、１日の乳製品の摂取量が４００グラム増えるごとに、前立腺がんのリスクが７％高まることがわかっています。

私は牛乳の代わりに、海藻や小魚を食べることをおすすめしています。たとえば、みそ汁を飲む際には、必ず乾燥わかめや海藻ミックスなどを入れています。

ロ マーガリン

一時期は「植物性の油だから健康的だ」と思われ、積極的に使われていたマーガリンですが、今はとりすぎると心筋梗塞などの原因にもつながるといわれている「トランス脂肪酸」を多く含んでいることが指摘されています。トランス脂肪酸は、脂質の構成成分「脂肪酸」の1つです。海外では販売禁止の国も多く、「食べるプラスチック」とも言われているそう。WHO（世界保健機関）では、トランス脂肪酸の摂取量を総エネルギー量の1％未満にすることを提唱しています。パンや料理に使うなら、バターのほうがいいでしょう。

▣ 薬

痛みや不快な症状があると、つい薬に頼りたくなります。その気持ちはよくわかります。薬はたしかに、一時的に痛みを和らげ、症状を緩和させてくれますから。

ですが、根本的な治療にはなりません。アメリカでは、1994年に医薬品の副作用による死亡者が、心臓病、ガン、脳血管疾患につぐ死因の第4位になりました。また、2013年の薬の過剰服用による死亡者数は、1歳～44歳の事故による死因の1位です。2013年以降も、死亡者数は増加の一途をたどり、2017年には年間7万人を超える

図14 目覚めのいい体質になる5つの秘訣

1	生野菜、果物を食前にしっかり食べる（酵素、ビタミン、ミネラルをたっぷり補給する）
2	朝食はできるだけ食べない
3	牛乳、白米や小麦など精製された炭水化物、加工食品は控える
4	マーガリンなど、油脂類はなるべく使わない
5	病院、薬に頼らない

までになりました。このように、本来ならば体調をよくするための薬で身体を壊し、ひいては命を落としている人さえいるのです。おかしな話ですね。

実際、「病院で医師がストライキを起こすと死亡率が減少する」というデータもあります。少し古いですが、1976年、アメリカのロサンゼルスで医師がストライキを起こし、手術の件数が昨年に比べて6割も減少しました。すると、ロス市内の死亡率が18%低下したというのです。

また、アメリカのカリフォルニア大学のジェームズ・ハーディン教授によれば、「ガン治療（外科治療、放射線治療、抗ガン剤治療）をした人の平均余命は3年未満だったのに対し、治療しなかった人の平均余命は12年半だった」という研究結果が出ています。

薬を過信しすぎるのも問題ですね。

第5章

【運動】
いい睡眠とさわやかな目覚めをもたらすエクササイズ

朝の運動で動作疲労をためる

第1章の「睡眠の誤解2」にもあるように、疲労には動作疲労と静止疲労の2種類があります。動作疲労は静止しなければとれませんが、静止疲労は動作しなければとれません。「睡眠ですべての疲労が取れる」と誤解されている方も多くいますが、じつは睡眠では「動作疲労」しか取れません。逆に、静止疲労がたまってしまうのです。

現代社会ではデスクワークなどが多くなり、静止疲労過多に陥っている場合が多いです。にもかかわらず、よかれと思って長時間寝てしまうと、かえって体調を崩しかねません。いい睡眠をとるためには、静止疲労を解消するための動作をおこない、少し動作疲労をためることも必要です。

そのために最適な運動を3つご紹介します。どれも効果があるので、自分のライフスタイルや好みに合わせて、やりやすいものをおこなってみましょう。

それから、運動するには朝がおすすめです。なぜかといえば、朝の運動のほうが長続きするからです。夜は飲み会などの誘惑も多いし、残業など突発的な予定が入る場合もあるでしょう。そういったことがなくて無事に家に帰りついたところで、疲れ果てて運動する余力などまったく残っていない場合もたくさんあります。

早朝であれば、寝起きでパワーはフル充電。エネルギーは十分たまっていますし、よっぽどのことがない限り予定が入ることもないので、習慣づけしやすいのです。

この習慣づくりの〝ゴールデンタイム〟をおおいに活用しましょう。朝起きてすぐに運動する習慣を取り入れることで、質のよい睡眠が確約されるのです。

朝のウォーキングが人生の方向性を決める

朝のウォーキングは、「やりたいことが今ひとつわからない」「これから先、どうしたらいいだろう?」など、悩み、漠然とモヤモヤした気持ちを抱いていたりする人におすすめです。朝のこの時間を「考える時間」にするといいでしょう。

「本当に自分のしたいことは何だろう？」

と考えてみるのです。歩きながらだとあまり余計なことに考えを煩わされないので、自分の心に素直に耳を傾けることができます。自分のうれしいことやイヤなことをはっきりさせていくと、自分の人生の方向性が自然と見えてくるのです。

私が消防士になったとき、じつは「何のために消防士になったのか？」に対する明確な答えがありませんでした。ただ、「消防士になりたいからなった」というだけだったのです。朝、時間があったので河川敷を走りながら、「これでは意味がないな」と思うようになり、それからは毎日この時間に自問自答をするようになりました。

あるとき、ふとその答えが出ました。そのころ、ちょうど消防士の先輩から保険の相談を受けていました。銀行員時代の知識を使ってそれに答えていたのですが、その時間が今の仕事以上にうれしいことに気づいたのです。「自分の喜びはそこにあるのだ！」と気づいた瞬間でした。それが、保険の仕事に転職するきっかけにもなりました。

ここ数年、ウォーキングをしながら思うのは、

「人をどうしたら本気にさせることができるのか？」

についてです。たとえば、年収1000万円といえば、日本の平均年収からいうと非常に高いです。1000万円を超える収入を得ている人は、上位4％ほどです。ということは、残りの96％の人は、他人と違うことをしなければこの4％には入れない、ということです。

にもかかわらず、常識にとらわれて行動を起こせない人がとても多いように思います。「睡眠時間が短いと身体に悪いよ」とたとえ96％の人が言ったとしても、自分の成果を出すためには4％に入ってやっていかないといけないと思うのです。そのようなことに気づかされたのは、朝の有酸素運動の思わぬ副産物とも言えるでしょう。

意外と効く!?「ちょい走り」

「運動が身体にいい」という話をしましたが、激しい運動や、重いバーベルを持ち上げるようなウエイトトレーニングは向いていないようです。やはり、ウォーキングやエアロビクスなどの有酸素運動が有効です。

家でもできる有酸素運動の1つが「ちょい走り」です。これは家で掃除をしながら、冷蔵庫に食材を入れるときや仕事の移動中など、何かの〝ついで〟にできるので、屋内にいる時間が長い方や朝ウォーキングをする時間のない人にぴったりです。

まず、足を少し開いて立ったら、軽くつま先立ちになります。そして、歩幅はできるだけ小さく、小刻みに。足はすり足のようにしながら、前に進んでいきます。忍者のようなイメージでしょうか。これが、意外と地味に疲れます。私が消防士のときに消防署内で流行り、みんなでやっていました。トイレに行くときなどもこのちょい走り（笑）。奥さんたちにすすめて、家で洗濯物を干しに行く際や食器を運ぶ際などに実践してもらったところ、みんなが見事にやせたという実績もあります。

このちょい走りは、ハードすぎませんし、普段歩くスピードと同じくらいなので年齢に関係なく、手軽にできるのではないでしょうか。さらには、美肌効果もあるようです。ちょい走りを続けていたところ「肌がキレイになった」という声も挙がっています。わざわざ運動するのが苦手という人にも合っているでしょう。適度な疲れが得られ、質のいい睡眠にいざなってくれるでしょう。

脳を活性化させる「スロージョギング」

「運動しましょう」というと、私自身がアスリートなので、どうもとてもハードなことをしなければいけないのかと思われがちです。しかし、ハードな運動はまったく必要ありません。

たとえば、ランニングではなくウォーキングをおすすめしているのも、その1つです。

走るペースが速すぎることは、脳にあまりいい影響をもたらさないからです。息が上がりすぎない、会話できるくらいのスピードをキープする「スロージョギング」がおすすめです。「朝時間を活用しましょう」という話をしましたが、朝スロージョギングをおこなうと、とても気持ちがいいです。朝は空気も澄んでいますし、ひっそりと咲く花を見つけて気持ちが癒されることもあるでしょう。朝ウォーキングよりも少しスピードと時間が上がるので、朝ウォーキングに物足りなさを覚えはじめた方や、普段から運動する習慣がある方にはこちらをおすすめします。会社に行く時間を少し早めて、このスロージョギングで1つか2つ先の駅まで歩くというのも効果的です。

ではどのくらいの速度が「スロー」なのでしょう？　その際に参考となるのが「心拍数」です。心拍数とは、心臓が1分間に動く回数。最大心拍数は「220－年齢」で表わしますが、この60％程度の値が「目標心拍数」になります。この目標心拍数を意識しながら、運動をしていくといいでしょう。まずは15分からはじめ、楽に感じられるようになってきたら、少しずつ時間を伸ばしていきましょう。大切なのは、「速さ」や「距離」ではなく、あくまでも「時間」です。ゆっくりと走り続けることで、脳の「前頭前野」という部分がじわじわと鍛えられるのです。

脳は、「大脳」「小脳」「脳幹」の3つに分かれます。大脳は、人間の脳の中でもっとも発達していて、脳の重さの約80%を占めています。思考、感情、行動、記憶、感覚などを司っています。

大脳は、さらに前頭葉、側頭葉、頭頂葉、後頭葉の4つに分かれています。このうちの前頭葉の大部分にあたるのが、「前頭前野」です。人間の大脳の約30%はこの前頭前野が占めるのに対して、人間にもっとも近いとされるチンパンジーは10%前後と3分の1程度です。前頭前野が「人間らしさをつくる脳」と言われるのはこのためでしょう。考える、判断する、記憶する、感情をコントロールするなど、複雑で重要な神経活動をコントロールしていることから、「脳の最高司令部」とも呼ばれます。

前頭前野が鍛えられると、仕事で使えるスキルが格段にアップする

前頭前野が鍛えられると、次のように、特に仕事で使えるスキルが格段にアップしま

す。いわゆる「仕事ができる人」になれる、ということです。

1. 仕事の段取りや優先順位をつけるのがうまくなる
2. 行動計画を作成するのが得意になる
3. 順序立てた説明ができる
4. ミスが減る

これらの能力は前頭前野の「10野」と呼ばれる箇所の機能ですが、「ワーキングメモリー」を司る「46野」の働きも同時によくなります。ワーキングメモリーとは、「作業記憶」「作動記憶」などとも呼ばれ、作業や思考のため情報を一時的に記憶して処理するための記憶を指します。たとえば、頼まれたものを買いに行ったときに「〇〇を頼まれたから買わなければ」と覚えていますよね。でも、買い終わったあとにはキレイさっぱり忘れてしまうことも多いでしょう。カフェで接客の人が同じテーブルに座る何人もの人の注文を同時に取るときにも使います。だれかと話をしているときに、相手の話していることを覚えておかなければ、会話のキャッチボールもできません。これらの場面で使われるのが「ワーキングメモリー」です。

ワーキングメモリーは、パソコンの「メモリ」のような役割を果たし、物事を順序立てて処理する際に必要です。

これが弱いと、次のようなことになります。いわゆる「仕事ができない人」ですね。

1．同時に複数のことができない、考えられない
2．相手とのコミュニケーションがとれない
3．計算能力が弱い
4．仕事の効率が悪い

何もしなければ、歳を重ねるごとに、人の脳は縮んできます。それを避けるためにも、そして前頭前野の働きを衰えさせないためにも、スロージョギングは必要です。

走る習慣をつけることで、脳は活性化し、記憶力、プレゼン力、段取り力を得ることができます。さらには、ストレスに強い精神を持つこともできるでしょう。まさに、いいことづくめです。

Column

イリノイ州の奇跡 〜運動の隠された効果とは

イリノイ州のネイパービルの学区には、肥満の生徒が多くいました。そこで、授業がはじまる前に「0時間目」をつくり、そこで運動することにしたといいます。生徒たちは朝7時に登校し、平均心拍数を185以上にするために有酸素運動をおこなうことにしたそうです。すると、アメリカ全土の肥満児の割合が約30％であるのに対し、この学区での肥満児の割合は、なんと3％以下になったのです。

すごいのは、それだけではありません。さらには、学力まで伸びたのです。なんと、全世界38カ国23万人を対象におこなわれるTIMSS（国際数学・理科教育動向調査）で、理科は世界一、数学は第6位という好成績を収めたのです。アメリカでトップ10にランクインした学校はここだけです。

人間は、歳をとるにつれて、脳内で記憶を司る「海馬」が縮むことがわかっています。高齢者の場合、アルツハイマーでない人でも年1~2%の割合でその容積が小さくなると言われています。ところが、定期的に有酸素運動を続けると、海馬の容積が平均で2%増大することが2011年におこなわれたアメリカのピッツバーグ大学の研究でわかっています。55歳から80歳までの男女120名を無作為に2グループに分け、片方のグループは「週3回、1回あたり40分のウォーキング」、もう1つのグループは「ストレッチのみ」を1年間続けました。1年後、被検者の海馬の容積を測定したところ、ウォーキングを続けたグループは左の海馬が2・12%、右の海馬が1・97%、容積が増加。ストレッチのみおこなっていたグループは左の海馬が1・4%、右の海馬が1・43%、容積が減少したのです。

マウスによる実験でも、同様の結果が出ています。迷路をつくり、同じ場所にマウスの好物であるチーズを置いておきます。片方のマウスのケージにだけ、真ん中に「回し車」を置いておきます。回し車のあるケージにいたマウスと、回し車のないケージにいたマウスを比べたところ、前者のほうがチーズのある場所にたどりつくまでの時間が格段に早かったのです。運動が学習機能を向上させるのでしょう。

第6章

【寝る前の行動】
睡眠の質を格段にアップさせる
5つのこと

16時以降はカフェインを控える

いい眠りにつくためには、飲みものにも気をつけたほうがいいでしょう。カフェインは眠気を覚ますので、夕方以降はできれば控えましょう。私は、16時以降はカフェインをとらないように心がけています。

カフェインの入った飲み物には、次のようなものがあります。

玉露、コーヒー、紅茶、抹茶、ほうじ茶、煎茶、ウーロン茶、ジャスミン茶、コカ・コーラ、ペプシ、スプライトなどの炭酸飲料、レッドブル、リポビタンDなどの栄養ドリンクやエナジードリンク、チョコレート

一方、お茶でもノンカフェインのものもあります。次のようなものです。これらは時間を気にせず飲むことができるでしょう。

麦茶、ハト麦茶、ルイボスティー、昆布茶、甜茶、杜仲茶、そば茶、カモミールティー

夜寝る前に甘いものを食べて、薄めのコーヒーや紅茶を飲む習慣のある人もいるようですが、甘いものは立派な炭水化物です。炭水化物は、糖質と食物繊維が合わさったもの。そして、甘い=糖質が入っているということでもあります。寝る前の甘いものは、かえって眠りを妨げることになるので、控えましょう。

15分間の「パワーナップ」を取り入れよう

人は生理現象として、12時間周期で眠気が訪れるといいます。時間にして、12時〜14時くらいです。そのようなときには、10〜15分くらい昼寝をしましょう。これを「パワーナップ」（積極的仮眠）といいます。

パワーナップは、社会心理学者のジェームス・マース博士が提唱したもので、次のよ

うな効果があるそうです。

- 仕事の効率が上がる
- 集中力がアップする
- 記憶力が向上する
- ストレスが軽減する
- 認知症の予防になる

宇宙飛行士がお昼にこのパワーナップを取ったところ、注意力が54%、認知力が34%アップしたというNASAの実験結果もあります。

アップル、マイクロソフト、ナイキ、ウーバーなどの外資系企業のほか、日本でも三菱地所やGMOインターネットではこの昼寝制度を推奨していて、「ナップルーム」を設置しているところもあります。グーグルには、「エナジーポッド」と呼ばれる仮眠専用のイスも置かれているそうです。

そのような専用のスペースがなくても、タイマーをかけ、机に伏せて休むだけでも効果はあるでしょう。できれば、毎回同じ時間帯がいいようです。終わったら、軽く腕を伸ばすなどストレッチをしてから、午後の作業に取り組みましょう。くれぐれも寝過ごしには注意しましょう。

寝るときには靴下をはかない

「頭寒足熱」という言葉があります。頭のほうを冷やし、足を温めるとよく眠れるし、健康にもいい、という意味のことわざです。ですが、本当は体温が下がったときに眠気がやってきますから、足を温める必要はないように思います。

冷え性の女性がよくやることに、「寝るときに靴下をはく」というものがあります。でも、これはやめましょう。本来、寝るときには身体の温度を下げるために熱を発散しますが、靴下で熱を閉じ込めてしまうことで、それが妨げられます。

また、靴下で締めつけることにより、血流が悪くなります。足の指を自由に動かしにくいことから、末端まで血液が巡らなくなるでしょう。体温調節が効きにくくもなります。それも、眠りが浅くなる原因の1つにつながるのです。寝る前には靴下は脱ぎましょう。

寝る30分前にはスマホから遠ざかる

寝る前には、スマホやテレビ、パソコン、タブレットを観ないほうがいいでしょう。ブルーライトと呼ばれる光を浴びることで、眠気を催す「メラトニン」というホルモンの分泌量が減ってしまうからです。

人は明るくなると目覚め、暗くなると眠くなるという本能がありますが、スマホなどを見ることはその流れに逆らう行為ともいえるでしょう。脳が昼だと錯覚してしまうのです。また、ゲームなどをすることで脳が興奮すると、交感神経が優位に働くことになり、すぐに眠れなくなります。

実際、若い人を中心に、夜スマホを見ることによる睡眠障害もあるといいます。スマホはベッドから手を伸ばしても届かない少し遠いところに置いておき、朝まで見ないようにしましょう。パソコンやタブレットも同じく避けることです。

ほかには、寝る直前の筋トレもおすすめしません。身体や脳が興奮して、覚醒してしまうからです。寝る30分前からは、少しずつリラックスをして、副交感神経を優位にさせることが大切です。アロマオイルなどを焚いて、いい香りに包まれるのもいいでしょう。ゆったりとした音楽に耳をかたむけるのも、心が落ち着きます。そのほか、お気に入りの部屋着を着ることなども、リラックスにひと役買ってくれるはずです。

早く目覚めたときは「使える時間が1時間増えた！」とプラスにとらえて二度寝しない

「4時に起きようと思っていたのに、3時半に目覚めてしまった」というとき、あなたはどうしますか？　「まだ30分ある」と思って、もう一度布団に潜り込みますか？

今日からは、一度目覚めたら、そのまま起きましょう。二度寝の習慣をつけないためです。先日、私は3時に起きる予定でしたが、なぜか2時に目覚めました。このときは、「使える時間が1時間増えた！」とプラスにとらえ、そのまま朝1杯の水を飲み、目を覚ましました。自然に起きるタイミングのほうが、身体にも負担なく、楽に起きられます。

寝る前に水分をとりすぎたため、明け方にトイレに行きたくなることもあるでしょう。そのようなときは、「目覚める手間が省けた、ラッキー！」と思って、そのまま起きる支度をしましょう。

第7章

【マインド】
気持ちを整えると、
早起きはグンと楽になる

5分間瞑想する

最近は「マインドフルネス」という言葉を流行っていますが、瞑想は頭をすっきりさせるのにいいでしょう。私は、毎朝5分間瞑想をすることを習慣にしています。私は退屈が苦手なので5分が限界ですが、長い人は10分でも20分でも時間と気力が許す限りやってみていいと思います。これをやると、心が非常に穏やかになり、頭がすっきりしてきます。

私は、大学でアメフトのコーチをしているときに、瞑想にハマりました。教えているポジションは、ラグビーでいうとワールドカップに出場した田村優選手と同じセンターで、Hポールに向かってゴールを決めたり、ボールを味方に向けて蹴ったりと、メンタルに左右される役割でした。そこで、瞑想の方法を京都産業大学の体育科の先生に訪ねに行ったこともあります。

まず、肩に大きく力を入れて10秒経ったらストンと一気に力を抜きます。これをやると、身体がいい具合に脱力するのです。どんなに優秀な選手でも、ボールを蹴る前には緊張します。すると、自然と肩が上がってきます。肩が上がると、肺に空気が入りにくくなり、呼吸が浅くなり、さらに緊張が高まり……という負のスパイラルに陥りがちです。そのようなときにやるのが、この方法です。

瞑想は、毎日やっていくうちにとても気持ちよくなってきて、クセになります。私は、朝だけでなく、結婚式の披露宴の長いスピーチを聴いているときや、おもしろくない会議のときなどにも瞑想しています。慣れてきたら、日中、「事務仕事に疲れたな」と思うときに休憩代わりに瞑想すると、自然と疲れが取れ、エネルギーもチャージされると思います。なにより、目がしゃっきりと覚めるのでおすすめです。

重要なのは、自分の呼吸に集中することです。無理に「心を無にしよう、何も考えないようにしよう」と思わないほうがいいでしょう。呼吸に集中していくうちに、私の場合には胸のあたりがシュワシュワとした感覚になってきます。そして、余計なことを考えなくなるでしょう。

図15 **5分間瞑想**

✓	1	イスに座り、背筋を軽くのばす。 手はひざの上に置く。目は軽く閉じる
✓	2	足の裏、お尻、手が 重力に引っ張られているのを感じる
✓	3	鼻から３秒息を吸い、鼻から３秒間で息を吐き出す。 このとき、鼻、口、呼吸器に空気が流れるのを 意識して感じてみる
✓	4	これを５分間続ける

無心になれる「硬貨立て」

「瞑想は苦手」「瞑想する方法がわからない」という方は、ぜひ「硬貨立て」を試してみてください。

時間を計って机の上に小銭を立てて置いてみましょう。1円、5円、10円、50円、100円、500円、どの硬貨でもかまいません。平らな机の上に、1分間で何個立てられるでしょうか。

最初は、手がぶれて思うようにいかず、かなり難しいかもしれません。けれど、毎日続けていくうちに1枚、2枚……と立てられるようになります。

これをやっている時間は、ほかのことは考えられません。文字どおり、「無」になれます。瞑想で「集中しなさい」とよく言われますが、「どうやったら集中できるのか？」「何が集中なのか?」はよくわからないところがありますよね。でも、これをやっている間は、少なくともほかのことを考える隙はないでしょう。まさに集中状態です。

図16 「硬貨立て」で集中状態に

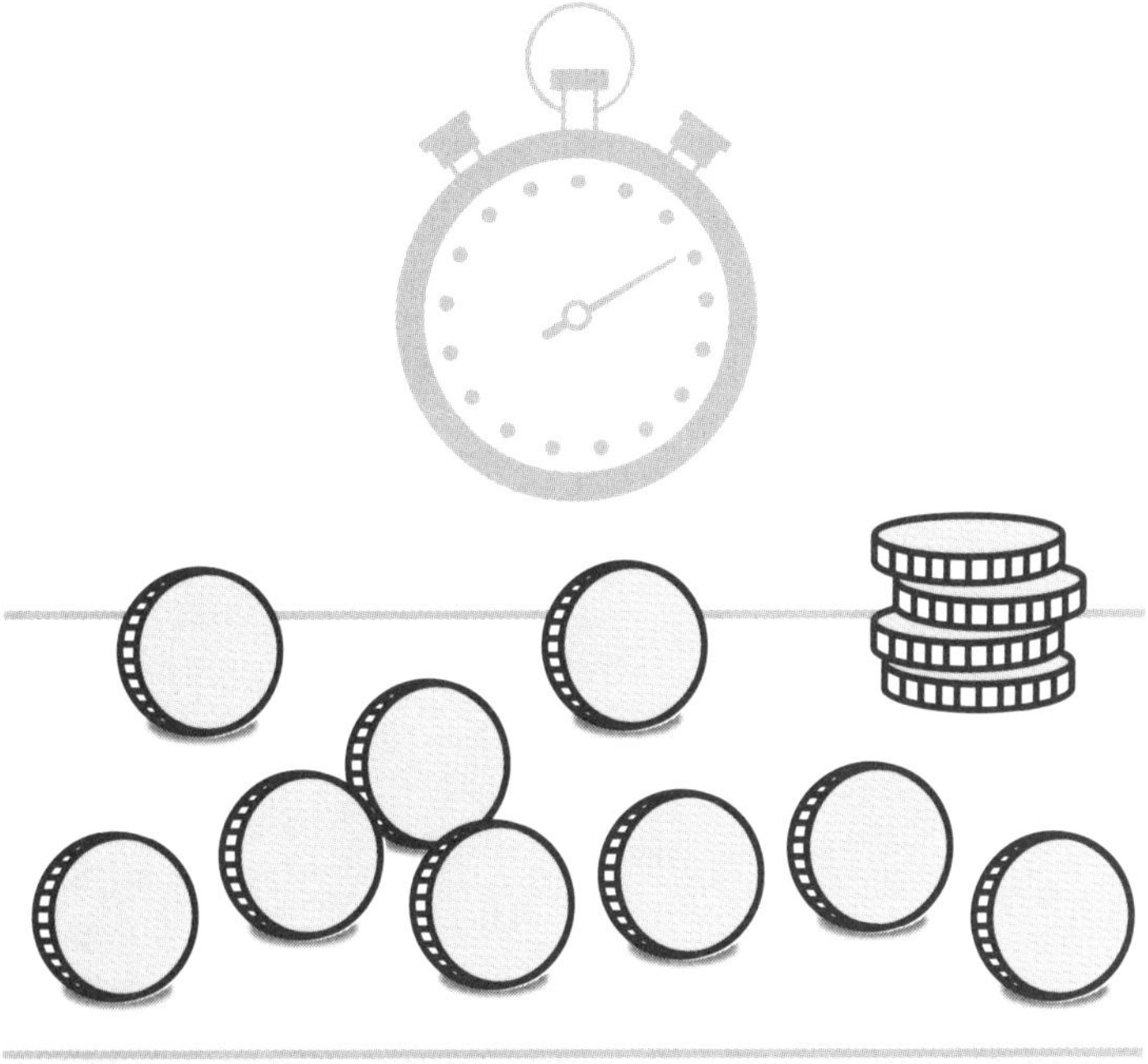

慣れてくると、2段重ねもできるようになるでしょう。朝の瞑想の代わりとして、「硬貨立て」にもぜひチャレンジしてみてください。

20分入浴する

ここでいう入浴は、シャワーを浴びるだけではなく、きちんと「湯船につかること」を指します。寝る前に、少なくとも20分は入りましょう。温度は40度前後。あまり熱すぎないほうがいいでしょう。

私は、朝起きて読書をしたあとに、ジムで筋トレをし、その後身体を洗うので、夜は軽く身体を流したらすぐお湯に浸かります。なにぶん私はせっかちなもので、ただお風呂に入っていることがとても苦手です。そこで、本を読んでいます。普段、ソファに寝っ転がってやっていることを、お風呂の中でやればいいだけです。テレビが観たければ、スマホで（濡れないように注意しながら）テレビを観ればいいでしょう。お風呂でストレッチなどをして、1日の疲れをほぐすのもいいでしょう。いつも生活する場を20分だけお風呂場に移動するだけです。

身体が温まったあと、体温が下がり出すと、人は自然と眠くなってきます。深い眠りに入りやすくなるのです。人間は身体の性質上、身体の中心部が温まると、外側に熱を逃がそうという働きが起こります。その結果、手足などの末端が温かくなっていくのです。

子どもが眠くなると手足が熱くなるのは、そういう仕組みによるものです。36度の状態だと体温はあまり逃げませんが、お風呂に入って体温を37度、38度と上げると、元の36度、35度台の体温に戻そうとする作用が強く働き、眠りにもつきやすくなるのです。

第8章

【実践】
30日でムリなく身につく早起きメソッド

【1週目】ルーティンに慣れる7日間

今日から、無理せず少しずつやっていきましょう。できなかったとしても、そこで終わらず、明日からがんばればいいだけです。7日目にふりかえりと反省をして、次週につなげていくのです。

もう一度、1週目のスケジュールのおさらいです。

◘いつもより30分早く起きる

第2章でもお話ししたとおり、最終目標は朝4時起きです。でも、いきなりやると挫折もしがちです。長続きしません。まずは今より30分早く起きましょう。最初の1週間は5時半起き。2週目で5時起きに、3週目からは4時半起き、そして4週目はいよいよ4時起きです。もし、現在も5時半より早くに起きている場合には、その起床時間を

図17 1週目の1日のスケジュール

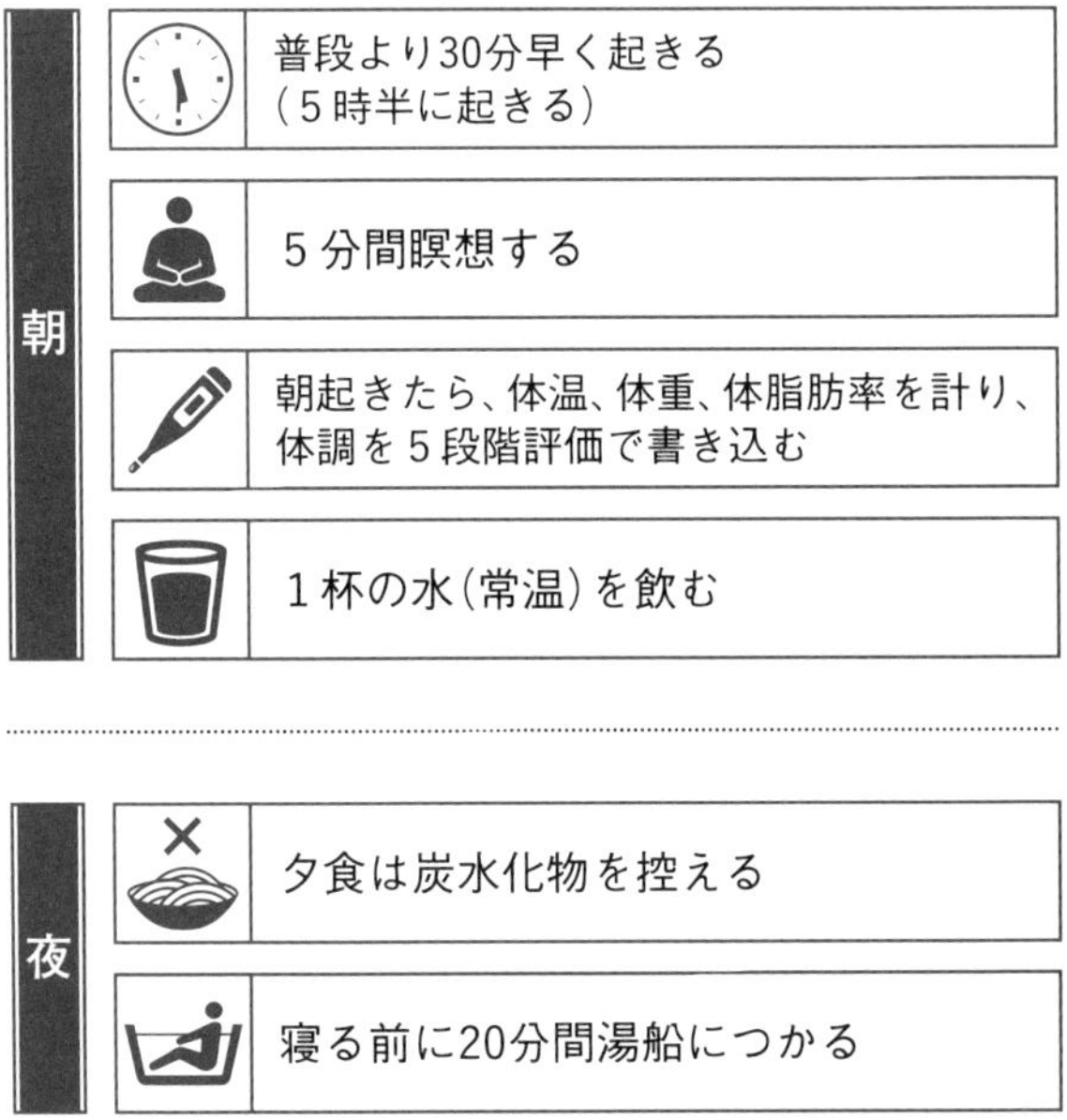

守り、次の週から30分早めてみましょう。

1杯の水で目覚めのスイッチを

朝起きたら、まずは1杯の水を飲みましょう。これが覚醒のスイッチになります。「パブロフのイヌ」の有名な実験がありますね。毎回、イヌにエサをあげる前に、ベルの音を鳴らします。すると、イヌはエサがもらえると思って、よだれをたらします。それを繰り返すうちに、イヌはエサがなくてもベルの音を聞いただけでよだれをたらすようになるというものです。それと似たようなもので、水を飲む→起きる、を繰り返すうちに、「水を飲むのは起きる合図なのだ」と、自然と身体が覚えるようになっていくのです。

水はできれば、常温のほうがいいでしょう。お湯ではなく「水」を飲むことがポイントです。いったん体温を下げる必要があるからです。体温が下がると、逆に身体が体温を上げようとがんばり、内臓の働きが活発になります。その過程の中で、身体が覚醒するのです。ただし、冷たすぎる水は内臓に負担をかけてしまうので、「常温の水」がベストなのです。

水を飲むことで、寝ている間に放出された体内の水分を補給することができます。血液中の水分も減り、粘度が高まっています。血液がドロドロになり、血流も悪くなっているというわけです。水を取ることで、血液の濃度を下げ、サラサラの状態に戻しましょう。血流を促す効果もあります。

◻ 体温と体重を計る

水を飲み終わったら、自分の体温と体重、体脂肪計がついている場合には体脂肪率も計りましょう。自分の体調を「見える化」するためです。

タレントの武井壮さんは、わきの下だけでなく、ひじの内側、指と指の間など、あらゆる箇所に体温計をはさみ、体温を記録したそうです。さらに、屋内や屋外の温度や湿度も計測し、それらを組み合わせて、「体温×温度×湿度」がどういった条件のときに自分の体調がいいのか、悪いのかを徹底的に調べたそうです。このように、客観的なデータをもとに、自分にとっての「ベスト」な体調を探りましょう。

体温計と体重計は毎日使うので、セットにして近くに置いておくといいでしょう。

▣ 体調を5段階で自己評価する

自分の調子を、成績表のように5段階評価で表わします。4人に1人くらいの割合で、5段階ではなく「○×」で表わそうとする人がいるのですが、それでは自分の体調が客観的に見えないので、気をつけてくださいね。これも、第3章でご紹介した、「体調の見える化」の一環です。

「前の日に何をしたから体調がよかった」
「何をやったら体調が悪かった」

という理由を余白に書いておくと、あとで見返したときに、体調と行動の「法則」のようなものが見えてきます。

▣ 5分間瞑想する

第7章でお話ししたように、毎朝5分間瞑想します。頭がかなりスッキリするでしょう。ポイントは「自分の呼吸に集中する」こと。呼吸にフォーカスすると、私の場合ですが胸のあたりがシュワシュワとした不思議な感覚を覚えます。

瞑想をしたあとは、普段の生活でまったく問題ありません。朝ごはんを取るなど、いつもどおりに過ごしてください。好きなことを、好きなようにしましょう。

夜は炭水化物抜きで

次は、夜ごはんです。炭水化物は抜きましょう。正確に言うと、「タンパク質と炭水化物を同時に食べない」ということです。そうすると、消化がおこなわれやすくなります。炭水化物はアルカリ性で消化されることが多いのに対して、タンパク質は酸性で消化されますが、炭水化物とタンパク質を同時にとると、アルカリ性と酸性が混ざって中和され、消化の進みが遅くなってしまうのです。

夜は、肉を食べましょう。「肉を食べて、米を食べない」です。おすすめは、お米の代わりに、豆腐と納豆と大根おろしです。大豆には「トリプトファン」というアミノ酸が含まれていますが、これは「セロトニン」という幸せホルモンの原料でもあります。安眠効果もあります。大豆製品である豆腐や納豆を食べると、幸せホルモンも増え、充実した眠りが得られるというわけです。安眠＝質のいい睡眠であり、いい睡眠を得られれば短時間でエネルギーチャージできるのです。

定食を頼むのであれば、「ご飯抜き」で。居酒屋などは利用しやすいですね。刺身や馬刺し、鳥刺し、サラダなどは積極的に利用しましょう。

揚げ物は、やはり早起きの妨げになりやすいので、できれば3カ月間は控えましょう。

早起きの習慣が定着したら解禁してください。

これが慣れてきたら、動物性タンパク質ではなく、大豆などの植物性タンパク質にしたほうが、より早起きは楽にできるようになります。

本当は「お酒も控えましょう」と言いたいところですが、我慢できないという方もいるでしょうし、お酒を我慢することでモチベーションが下がってしまうのではよくないので、ほどほどにしておきましょう。ただ、お酒を飲むと翌日起きづらいのはたしかです。ですから、「翌日に重要な会議や商談があって、ベストなパフォーマンスを上げたい」というときには、飲まないほうがいいでしょう。仕事がそれほど立て込んでいないときや、翌日が休みであれば、適量ならいいでしょう。

私の場合はいろいろなパターンを試してきたので、スケジュールによって飲む量を調整することも可能になってきました。たとえば、ビールよりハイボールを飲んだときのほうが次の日の目覚めがいいですし、昼に飲んだときのほうが翌日に残らないことがわかっています。

ただし、「これだけしか食べない」という食べ方はやめましょう。一時期、「動物性タンパク質は一切とらない」と、飲んでいるプロテインも大豆を使った「ソイプロテイン」にしていたこともあります。ものすごく調子はよかったのですが、一説によるとプロテインを飲みすぎると腸に負担がかかるという話もあり、以来やりすぎはやめました。何事も過ぎたるは及ばざるがごとし。バランスが大事ですね。

【2週目】朝時間を有効利用する7日間

1週間続けて、いかがでしたか？　つらいと感じる人、体調がよくなったという人、さまざまだと思います。自分の身体からの声に耳を傾ける習慣が少しずつ身についてきたのではないでしょうか。

今週もがんばっていきましょう！

図は、2週目からの1日のスケジュールです。

2週目から新たにやることは、3つあります。

- 朝食を抜く
- 30分間の有酸素運動をおこなう
- ストレッチをする

図18 2週目の1日のスケジュール

朝	1週目より30分早く起きる （朝5時半起き→朝5時起き）
	5分間瞑想する
	朝起きたら、体温、体重、体脂肪率を計り、体調を5段階評価で書き込む
	1杯の水（常温）を飲む
	朝食を抜く
	30分間の有酸素運動 （ウォーキング）をおこなう
夜	夕食は炭水化物を控える
	寝る前に20分間湯船につかる
	ストレッチをおこなう

朝食を抜く

2週目からは、朝食を抜きます。それはつまり、夕食後から昼食まで、体内に固形物を入れないことになります。たとえば、夜20時から昼の12時まで何も食べなければ、合計16時間、食べ物を体内に入れない状態になります。

その間、内臓は働く必要がないので、ゆっくり休むことができます。毎日「プチ断食」をしているのと同じことになります。胃が空っぽになっていると、その分頭がすっきりと覚醒しますし、頭の働きもよくなることを実感できるでしょう。なにより、お昼ごはんがよりおいしく感じるはずですよ。

30分間の有酸素運動をおこなう

2週目からは、朝食がなくなります。朝食を食べる時間が空くので、その代わりに30分間の有酸素運動をおこないましょう。

一番手軽なのが、ウォーキングです。家の近所を歩き回るのもいいでしょう。もし近くにトレーニングジムがあれば、ウォーキングマシンで歩くのはおすすめです。携帯やタブレットで自分の観たい映画やドラマなどの番組を観ていると、あっという間に時間は過ぎます。音楽を聴きながら歩くのもいいでしょう。

ストレッチをする

お風呂に入ったあと、寝る前にストレッチをして、1日の生活でこりかたまった筋肉をほぐしましょう。

デスクワークで1日同じような姿勢で座っていると、お尻と太ももの裏がこります。イスに座っていると、この箇所にずっと重心がかかり、圧迫され続けているからです。ここが一番大きな筋肉でもあるので、ほぐすことで身体がかなりリラックスします。また、睡眠に入りやすくなりますし、睡眠の質も向上します。

肩こりや腰痛に悩む人も多いでしょう。腰が痛い原因の1つに、同じ姿勢で寝続けていることが挙げられます。もし腰が痛い場合には、次にご紹介するストレッチを朝起きたあとにやってみるのもいいかもしれません。朝は身体が固まっていることが多いので

図19 **ストレッチ**

✓	1	両手を挙げながら スクワット10回×２セット
✓	2	まっすぐ立ったまま、左手で右ヒザを軽くタッチし、 そのまま10秒キープ
✓	3	左手で右足のつま先をつかみ、そのまま10秒キープ
✓	4	左右を逆にし、まっすぐ立ったまま、 右手で左ヒザを軽くタッチし、そのまま10秒キープ
✓	5	右手で左足のつま先をつかみ、そのまま10秒キープ

少しハードかもしれませんが、目覚めをよくするには効果的です。
ストレッチのやり方については、鈴木達也さんのユーチューブがおすすめです。

- 自宅で出来る10分筋トレ（初級編）
https://www.youtube.com/watch?v=qOiDlprXF2w

【3週目】そろそろ慣れが出はじめる油断大敵の7日間

3週目に入りました。どうですか？　少し早起きにも慣れてきたのではないでしょうか。

じつは、3週目が一番のポイントになります。2週目までは比較的すんなりいける人が多いのですが、「この先続くかどうか？」がこの週にかかっていると言っても過言ではありません。

さらにいえば、3週目の4日目がキモです。「3日目まではうまくいっていたのに……」という方も多く見られます。4日目に失敗したり、挫折したりする人が増えるのです。

3週目からの1日のスケジュールは、図のとおりです。

この週に新しくおこなうことは2つあります。

- 朝4時半に起きる
- 昼ごはんをフルーツにする

朝4時半に起きる

朝5時起きまでは比較的達成しやすいのですが、4時台に起きることがなかなか難しいようです。よくあるのが、「目覚まし時計をきちんとセットしたにもかかわらず、アラームが鳴っているのに気づかないで寝てしまった」というもの。特に冬の寒い朝などは布団から出たくないですよね。手が届くところに目覚ましがあると、ベッドから出ずに止めて、二度寝してしまうことはよくあります。

図20 3週目の1日のスケジュール

朝	朝4時半に起きる
	5分間瞑想する
	朝起きたら、体温、体重、体脂肪率を計り、体調を5段階評価で書き込む
	1杯の水(常温)を飲む
	朝食を抜く
	30分間の有酸素運動(ウォーキング)をおこなう
昼	昼にフルーツを食べる
夜	夕食は炭水化物を控える
	寝る前に20分間湯船につかる
	ストレッチをおこなう

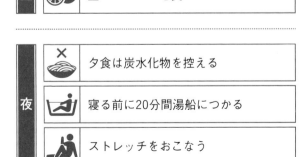

それを防ぐ意味でも、目覚まし時計を歩かないと手が届かないところに置いておきましょう。最近は、走って逃げ回る目覚まし時計もあるようです。追いかけるうちに目が覚めますね。

そして、ぜひ用意していただきたいのが「姿見」です。姿見の前に目覚まし時計を置くのです。人間は、興味のあるものがあると、眠気が吹っ飛びます。そして、だれしもが一番興味あるのはなんといっても「自分」です。鏡があると、つい自分の顔を見てしまいますよね。「鏡で自分を見ずに、後ろの人を眺める」ということはまずないでしょう。目覚ましが鳴り、歩いて止めに行った瞬間に自分の顔を見る――すると、瞬時に目が覚めるのです。もし、姿見が家にない場合は、なるべく大きめの鏡の前に目覚ましを置きます。これは私がいろいろと試した末に編み出した方法なので、効果はお墨つきです。

ベッドから出て、目覚ましを止めたあとに「もう一度寝たいな」と思ったら、その気持ちをこらえて、水を1杯飲みましょう。これで、眠気もかなりの割合で消え去ります。

部屋を明るくするのも効果があります。消防署では、夜中に火災などで緊急出動が出ると、「ピー!」という音とともに仮眠室のベッドの頭のあたりにある電灯がパチッとついて、部屋が一気に明るくなります。思わず「うわっ!」と声が出ますが、一発で目覚めることはたしかです。ちなみに、電鉄会社では、時間になるとベッドに自動で空気が入り、自然と起き上がる仕組みになっているそうです。

◘ 昼ごはんにフルーツを食べる

今日から、お昼ごはんはフルーツです。果物は何でもいいでしょう。バナナやリンゴ、グレープフルーツ、オレンジなどはどこでも売っているので、比較的手に入りやすいのではないでしょうか。意外と腹もちはいいので、ひもじい思いはしないと思います。何より、胃腸の調子がすごくよくなってくるはずです。私はいつもバナナ2本とリンゴ1個とか、バナナ2本にオレンジかグレープフルーツ1個を食べていました。友達には「ゴリラのエサやんか」と言われましたけど(笑)。桃や柿、ブドウなどは糖度がものすごく高いので、なるべくなら避けたほうがいいでしょう。

カットフルーツはコンビニやスーパーにも売っているので、手軽に食べることができます。

そのほか、生の野菜(レタス、キャベツ、ニンジンなど)や、生のナッツも食べてかまいません。ナッツは、ローストしたものではなく、生のものを必ず選びましょう。

◘ 心が折れそうなとき、思い返してほしいこと

人は、だれでも失敗します。それは、短眠も同じです。

「気づいたら、起きる時間が過ぎていた……」

「知らぬ間に目覚ましを消して、二度寝していた……」

よくあることです。大切なのは、ここで挫折せずにやり続けることです。

失敗したとき、挫折しそうになったとき、心が折れそうになったとき、強力なパワーになるのが、自分の掲げた目標・目的です。

何のために短眠の習慣を身につけたいと思ったのでしょう？

短眠を達成したらどうなるのでしょう？

これらをただ心の中に思い返すだけでなく、紙に書き出してみましょう。文字にし、アウトプットすることで、しっかりと目標を思い出し、頭に刻み込むことができます。私も、受講者さんが寝坊してしまったときなどに同じことを聞きます。

「なぜ、短眠をしたいのでしたっけ？」
「この目的を達成するために、早起きできそうですか？　どうですか？」

目的を再確認したほとんどの方は、モチベーションを取り戻し、「やっぱりやります！」と答えます。「だったら、もう少しがんばってやってみましょうか」と私も言い、指導を続けます。こうして最終的に達成した方は大勢いらっしゃいます。

挫折しそうになったら、自分の目標を他人に言うことが大切です。ここで重要なのは、「否定しない相手」を選ぶこと。人間だれしも、自分を肯定してほしい生き物だからです。まず目標・目的を伝え、「そのために早起きをします！」と宣言しましょう。口に出して言うことで、それが達成できる自分を想像できるようになります。

【4週目】総仕上げの7日間。ここでできたらあなたは早起きマスター

4週目に入りました。調子はどうですか？　4時台に起きることにも慣れてきましたか？

たいていの習慣は3週間で身につくといいますから、言ってみればこの1週間は「ダメ押し」するためともいえるでしょう。ただ、人間の本能、食欲や睡眠欲などは習慣化するのに3カ月ほどかかるとも言われていますから、気を抜かずに続けてみてください。

4週目からのスケジュールは図のとおりです。

◘ 自分でやりたいことを朝の時間に加えてみる

ルーティンで新たにはじめることはありません。1週目からはじめたことは、完全に習慣として身についているでしょう。あとは、朝の時間に自分のやりたいことを自由に

図21　4週目の1日のスケジュール

朝

- 朝4時に起きる　4時起きも2週目です。少し慣れてきましたか？
- 5分間瞑想する
- 朝起きたら、体温、体重、体脂肪率を計り、体調を5段階評価で書き込む
- 1杯の水（常温）を飲む
- 朝食を抜く
- 30分間の有酸素運動（ウォーキング）をおこなう

昼

- 昼にフルーツを食べる

夜

- 夕食は炭水化物を控える
- 寝る前に20分間湯船につかる
- ストレッチをおこなう

つけ加えてください。受講者さんの例を挙げてみると、メールチェック、事務作業、経費処理、家計簿をつける時間にあてるという方もいらっしゃいます。

ちなみに、私は会社に出かける2時間前に一度家を出て、ジムに行きます。1時間筋トレをしてから家に戻って、30分お風呂に入り、支度をしてから出かけます。ジムには基本的に週7日通っています。朝6時に仕事に出なければいけないときには、4時にジムに向かいます（笑）。全国展開をしているジムに加入しているので、東京出張の際にも筋トレはできます。

◘「短眠なんてできっこない」――否定されたときの対処法

「短眠なんて、できるわけがないよ」
「身体に悪いからやめたほうがいいよ」
「朝4時起き？　そんなのムリでしょ」

友達の中には、否定したり、ちゃかしたりする人もいるでしょう。そのようなときには、こう考えましょう。

「まわりの人ができないことをできるようになれば、それだけ周囲に差をつけることができる」

今こそチャンスのときなのだと、ポジティブにとらえるのです。否定的なことを言われれば言われるほど、じつはそこにチャンスが潜んでいます。なぜなら、それをやっていない人が多いことを意味するからです。

市場も、競合相手が少ないほど勝ち目はありますね。競争の激しい大多数の人が存在する市場を「レッドオーシャン」、競合相手の少ない新しい市場を「ブルーオーシャン」といいますが、早起きは「ブルーオーシャン」にあたるのではないでしょうか。もし、早起きの習慣を身につけることができたなら……一気に他に抜きん出ることができるのです。だとしたら、競合相手が増える前に、少しでも早く短眠をものにしたほうがいいと思いませんか?

ちなみに、「がんばってね! 応援しているよ」と言われたら……。その言葉を素直に受け止め、期待に応えてがんばりましょう。ネガティブな声もポジティブな声も、すべて自分の「糧」にしてしまいましょう。

田村広大（たむら こうだい）

株式会社インテグリティ代表。予防医療診断士。

1986年、大阪府生まれ。学生時代は小学校から大学までアメリカンフットボール部に所属。現在も母校の関西大学でコーチとして10年間在籍。大学卒業後は、三井住友銀行に入行。その後は、吹田市消防本部にて消防士として勤務。現在は保険代理店で保険募集人として勤務。保険会社に転職後１年目で世界のトップ１％の基準を満たす営業成績を収めた。その後も短眠のスキルを使い、２年目は世界のトップ１％を10か月で達成、３年目は８か月で達成、４年目は５か月で達成と達成までの時間を年々短縮して達成している。過去には某保険会社にて全国５位や全国８位の実績を残す。現在は、営業マン教育に力を入れており、短眠をメインとした営業ノウハウをさまざまな営業マンに指導を実施し、業界トップ１％の営業マンを次々に輩出することで指導者としても力を発揮している。年間150回セミナーを開催。

【ホームページ】https://herculesfactory.com/

カバーデザイン／山之口正和（OKIKATA）
本文デザイン・図版／斎藤 充（クロロス）
編集協力／柴田恵理
編集／傳 智之

お問い合わせについて

本書に関するご質問は、FAX、書面、下記のWebサイトの質問用フォームでお願いいたします。電話での直接のお問い合わせにはお答えできません。あらかじめご了承ください。ご質問の際には以下を明記してください。

- 書籍名　• 該当ページ　• 返信先（メールアドレス）

ご質問の際に記載いただいた個人情報は質問の返答以外の目的には使用いたしません。お送りいただいたご質問には、できる限り迅速にお答えするよう努力しておりますが、お時間をいただくこともございます。なお、ご質問は本書に記載されている内容に関するもののみとさせていただきます。

問い合わせ先

〒162-0846　東京都新宿区市谷左内町21-13
株式会社技術評論社　書籍編集部「夢をかなえる短眠法」係
FAX：03-3513-6183
Web：https://gihyo.jp/book/2020/978-4-297-11529-6

夢《ゆめ》をかなえる短眠法《たんみんほう》
～3時間《さんじかん》で熟睡《じゅくすい》し、5倍《ごばい》濃《こ》く生《い》きる

2020年 9月12日　初版　第1刷発行

著　者　田村広大《たむらこうだい》
発行者　片岡巌
発行所　株式会社技術評論社
東京都新宿区市谷左内町21-13
電話　03-3513-6150　販売促進部
03-3513-6166　書籍編集部
印刷・製本　昭和情報プロセス株式会社

ISBN978-4-297-11529-6　C2034
Printed in Japan